一看就懂！
库存削减术

［日］若井吉树　著
奚望　监译
日研智库翻译组　译

006

海洋出版社
2014 年·北京

作者简介

若井 吉树（Yoshiki Wakai）

出生于日本名古屋。与「丰田生产方式」创始人大野耐一同样毕业于名古屋工业大学。

入职某大型电机厂家后，作为系统工程师曾参与计划多个制造业的库存削减项目。曾因负责三个大型项目，为公司做出贡献而获得了公司的"功绩赏"。之后，为了追求顾客更进一步的成果投身于工厂的现场改善。在丰田集团 OB 咨询参与了 3 000 亿日元的库存削减。目前从事以库存削减为中心的咨询活动。著作有《贵公司的丰田生产方式为什么运作的不好？》（御社のトヨタ生产方式は、なぜ、うまくいかないのか？，技术评论社）。

图字：01-2014-0176 号

世界一わかりやすい
在庫削減の授業
SEKAIICHI WAKARIYASUI ZAIKO
SAKUGEN NO JUGYO by Yoshiki Wakai

图书在版编目（CIP）数据

一看就懂！库存削减术 / （日）若井吉树著；奚望监译；日研智库翻译组译 . —北京：海洋出版社，2014.4
（日研智库）
ISBN 978-7-5027-8783-7

Ⅰ. ①一… Ⅱ. ①若… ②奚… ③日…
Ⅲ. ①库存—仓库管理 Ⅳ. ① F253.4
中国版本图书馆 CIP 数据核字（2014）
第 035771 号

总 策 划：奚 望
责任编辑：朱 瑾
封面设计：申 彪
责任印制：赵麟苏

出版发行：海洋出版社
网　　址：www.oceanpress.com.cn
地　　址：北京市海淀区大慧寺路 8 号
邮　　编：100081
总 编 室：010-6211-4335
编 辑 部：010-6210-0035/0037
发 行 部：010-6213-2549
邮 购 部：010-6803-8093
印　　刷：北京旺都印务有限公司
版　　次：2014 年 4 月第 1 版
　　　　　2014 年 4 月第 1 次印刷
开　　本：787mm×1092mm 1/32
印　　张：8
字　　数：160 千字
定　　价：39.00 元
（如有印装质量问题，我社负责调换）

前　言

轰隆隆

堆积如山的商品。

YAMAZUMI 商社的贝杉社长茫然地站在大量的纸箱面前发呆。

利用银行贷款采购了大量刚刚上市的"AKUBIA"液晶电视，并以远低于同业竞争对手的便宜价格出售，况且又赶上了好景气以及北京奥运会，本以为会如所预测的那样畅销。

可是，天有不测风云……

受到北京奥运会后金融危机的影响，销售额急速下滑。工厂生产无法即刻叫停，却只能眼睁睁地看着仓库被源源不断的商品所掩埋。

而且又赶上了液晶电视整体市场价格的崩溃，目前就算是按当时采购价格来销售的话也是困难的。加之，如果商品滞销，资金就无法回笼，继续下去的话，最终结果将是无法回收已支付的资金。

由于大量商品滞销的缘故，当期赤字已成定局。照此下去的话，下一年度恐怕也将会出现 5 000 万日元的赤字。而银行方面曾说过，如若下一年度仍然赤字的话将停止贷款。如果真是这样的话，YAMAZUMI 商社就死路一条了。

如果再想不出什么扭亏为盈的办法的话……
今后这 5 000 万日元的赤字，到底该如何是好？

* * * * * * * * * *

如果你和贝杉社长处境相同的话，你最终会采取何种措施呢？

如果你公司的老板让你针对这样的状况考虑对策的话，你会建议采用怎样的方法？

如果你最重要的客户陷入此种困境的话，你又会提出怎样的建议？

你首先想到的是不是"扩大销售额、确保利润"？
但如何做才能"扩大销售额"呢？

比如说做广告的方法。

但若想达到广告的效果，在某种程度上就必须要集中投入广告费。况且，即便投入资金做了广告，也未必就能确保增加销售额。

那么，用降低价格来提高销售额的方法将会怎样？

这种情况下，一旦陷入价格竞争，恐怕所有的竞争厂家也会争相降价。那时，你的公司拥有足够取胜的实力吗？

毕竟在当今这个时代，增加销售额也不是轻而易举之事。更何况加上经济不景气，增加销售额就会难上加难。**假设利润率是 10% 的话，企盼增加 5 000 万日元的利润，就必须要实现 5 亿日元销售额才行。**

扩大销售额有困难的话，莫非最好的办法还是靠削减成本挤出 5 000 万日元？

如何降低成本？

是削减人力成本吗？

可是，一旦要降低 5 000 万日元人力成本的话，势必就要裁减大量员工。一旦使员工感到不安的话，他们的工作动力就会下降，甚至往往会发生优秀人才辞职的现象。

削减人力成本有困难的话，那么降低材料和商品的采购成本可行吗？

随意削减采购的成本将会导致商品质量的下降，从长远来看，恐怕也将会失去顾客。

将生产厂家从日本替换成其他国家如何？

从日本以外采购的方法确实是降低成本的行之有效的方法之一。但像 YAMAZUMI 商社这种情况，其不利之处在于一边情况紧急，一边却一筹莫展。

那么，究竟如何做才是最有效果的呢？

导出这一答案正是本书的最重要目的。

一方面将风险与不利控制在最小范围之内，另一方面在扩大销售额的同时实现"扩大利润"。

这就是**库存削减**。

所谓库存，就是堆放在你的店铺和仓库里那些休眠着的商品。

是否仍然有人会想"减少库存，怎么做才能挤出这 5 000 万日元？"

事实上，**如果削减库存的话，是能够产生利润及现金收入的。**

一般公司在效益好的时候都是拼命的进行销售。

提出扩大销售额，并给予销售人员激励的营业指标。并不太在意商品的积压，只要准备好丰富的品种，充足数量的商品即可。 因为这是以杜绝"机会损失"，销售额最大化为目的的。

像这样满足顾客需求，拓展丰富产品的方法，在完成销售额预算上也是非常有效的武器。

但是，一旦事情朝着不确定方向倾斜，在不知不觉中被意识到的时候，库存已经堆积如山了。

是否还对 2008 年由金融危机引起的萧条景象记忆犹新？据说就连丰田公司也像在北美市场其他的厂家一样拥有过大量库存。

当然也不能单方面的否认库存存在的意义，但若是超出所需要的库存，就会发生各种各样的恶果。

比如说：

"来之不易的资金白白被闲置了"

"产生新的成本"

"为处理库存时所产生的成本"

······

通过这样的方法削减库存，即便不刻意关注销售额的扩大，也能够产生利润和现金收入。

我这样说的话，常常就会有人说："造成库存堆积如山是订货的方法不当所致，与我们部门没有关系。"

但造成库存堆积如山的原因不只限于订货的问题。

很冒昧，先问一个问题。

下列的事例中，与贵公司销售风格最接近的是哪一个？

A "所有销售人员每周的销售活动都将受到来自上司的核对，以月平均来看，销售额在持续上涨。"

B "销售活动的核对以月为单位进行，无论从哪方面说销售额都会集中在月末。"

也许你会问："如果提高同样的销售额，哪一种方法不都可以吗？"

然而在现实当中，肯定是 B 公司拥有更多的库存。

因为销售人员销售方法的不同，关系到公司的库存的多少。

还有，一听到"库存"二字，就会有人说和工厂有关系，与自己所属的部门毫不相关。

那是大错而特错。**"库存"不只限于工厂，我们周围所触及的地方库存无处不在。**

鱼店、菜店、超市以及便利店这些店铺内所摆放的商品都是库存。餐馆里所使用各种原材料也是库存。若说原材料，家庭里冰箱内的食品当然也是库存。

库存即是在销售行情好的时候为避免缺货而要尽量多存放一些。如果一旦卖不出去，反之则要避免出现积压而尽量少存放一些。就是因为这样的库存，才让人煞费脑筋。多也不是，少也不是。

　　试着想想，你是否察觉到我们的生活中也有和库存有着相似之处的事呢？

　　那就是人的**脂肪**。

　　脂肪是用来保护人体免受外部的冲击和御寒的，即使连续数日不吃东西也能够延续生命，是人类不可或缺的。

　　但多余的脂肪，也可能会成为诱发糖尿病、脑梗塞以及心肌梗塞这类由生活习惯导致的疾病的罪魁祸首。

　　在欧美国家，对不能控制自身体重的经营者及商务人士评价很低，所以，他们对于脂肪是非常敏感的。

　　即使在日本，最近被称作"代谢综合征"的疾病也是一样，做健康检查时像敌人一样被对待，所以大家都拼命想尽办法减少脂肪。

　　所谓那样的脂肪，原本是"摄取热量与消费热量的差"所蓄积的东西。即若想减少脂肪的话，唯有减少 input（摄取热量），增加 output（消费热量）。结合日常生活来考虑的话，就是既要有适当的饮食又要有适度的运动。

　　另一方面，库存是**"进货与销售的差"**所蓄积而来的。

　　进货（input）量超出可以售出的量当然就会增加库存，而扩大销售（output）则会减少库存。于是，越是卖得多的话，为了避免缺货，也就越想增加库存，但一旦某一天突然滞销，则留下的将是堆积如山的库存。

　　在扩大销售的同时，动脑筋思考如何进货，做到既不能缺货也不能有多余的库存。

像这样维持最低限度的库存即是理想的库存方式。

迄今为止，经营者及商业人士热衷于扩大销售额。可对于库存的重要性反而不太关心。

未来所要求的不仅仅是扩大销售额，而且还有"比缺货更为重要的是维持少量的库存。"

充分利用有限的资金，高效地投资收益。为此，不允许增加多余的库存而让资金闲置。尽可能减少库存，维持"合理的库存"是很有必要的。

当然库存削减并不是那么随便就可以处理好的。就像过度减肥有损健康，又因为减肥反弹让人感到烦恼的原因一样，不合理的库存削减终会导致失败。

我以"库存削减咨询顾问"这一身份，为超过100家客户及企业提供库存削减咨询服务，包括采用以库存管理系统为中心的信息系统和以自家公司生产工厂为中心的现场改善等各种各样的内容。而且，在以自家公司生产工厂为中心的现场改善方面，涉及了合计3 000亿日元的库存削减。

其中看到了很多因"导入高额的信息系统但却运行不畅"、"随随便便试行了改善但却看不到效果"等半途而废的例子。

通过上述经验得出了**仅仅依靠以信息系统为中心的理**

论上的对策是减少不了库存的。而且，即使随随便便进行现场改善也是减少不了库存的。

　　实际上库存削减是有**步骤**的。

　　事实上库存削减绝对不是一件难事，只要遵守必要的步骤，就能适当减少。当然，若想大幅度地减少的话，单凭小聪明式的对策是有局限性的。

　　若想进一步减少库存，则需要从根本上解决商业流程其自身的结构。在这种情况下，只要牢固地掌握基本要领，就能够切身地感觉到库存在减少吧！

　　在本书里，对于那些库存削减的要领，按着步骤以授课的形式予以解释。在授课中将主要学习以下 4 个要点。

　　① 库存为什么会增加？
　　② 多余的库存会引起何种问题？
　　③ 如何才能维持"合理的库存"？
　　④ 如何才能减少库存？

　　像这样逐条写出后，每一个想当然的内容也许在哪里听到过。

　　但是，在所涉及的各种各样库存削减现场中，可以自信地说：

因多数情况是像这样"实际操作的话，看似人人都能做的基本事情却意外地发现被忽视了"所引起的问题。

由此这样断言。

本书所写的内容只要从第 1 讲开始按照顺序实施，你身边的库存就会减少。而且待实施到第 9 讲的内容时，库存一定能减少近半。

年轻的时候，无论是谁都想追求优秀的工作成绩。希望赢得"全公司销售第一"、"新顾客获得人数第一"这样有价值的评价，对本人而言也是耀眼的勋章。但这并不会永远持续的。

公司并不只是因那样优秀的工作成绩就能够成立的，而且公司领导也是对更实际的业务进行评价的。

事实上，**实实在在的库存削减评价则更高**。从自身去实践本书的内容，库存越减越少，你在公司所获得的赞扬之声也一定会增加。

如果掌握了合理的库存管理技能，你就可以持续地发挥它的价值。

本书所讲述的内容既有可以立即采用的，也有实施起来需要花费很长时间的，也包括在初期会受到公司内外的排斥。

每讲虽然都是最基本的内容，但若想实施从第 1 讲到第 9 讲内容的话，仅仅依靠一般的努力是不行的。但什么都不做的话，那就只能增加库存。

首先请阅读本书，迈出库存削减的"第一步"。然后，从认为能够做的事情开始，不断地坚持下去。

另一方面，在阅读完本书时，可以肯定地说"你将成为贵公司高效地拓展商品不可或缺的人才"。

本文开头登场的"贝杉社长"，经营着一家主销液晶电视和健康器具的公司。他现在正为通过银行贷款的资金而购入的大量液晶电视的库存而苦恼。

的确下期如果挤不出 5 000 万日元利润的话，则将处于银行停止融资的悬崖边缘的状况。

正是这样在万般无奈之际下的贝杉社长经熟人介绍，怀着饥不择食的心情拜访了被称之为"库存削减达人"的"老师"这里。

你一定会想，仅仅是库存削减真的能够产生出 5 000 万日元的利润和现金收入？

那么，从现在起请和贝杉社长一起来尝试一下库存削减之路。

授课马上就要开始了。

那么，就请让我们一起看看吧！

目　次

第 1 讲

扔掉"腐烂"的库存

脂肪与库存

很是冒昧，看到图 1.1 时有何感想？

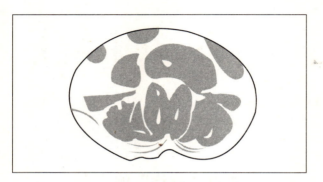

图 1.1　腹部剖面图

"哇——这是什么？真像我的肚子。太胖了，照这样下去，早晚会生病啊！"

你认为这个人该怎么做？

"虽不能对人品头论足，但不减肥还真不行。这么厚的脂肪不减下去的话……为此，必须得先从改善饮食习惯开始，同时还得要加强体育锻炼。"

那么，请再看看图 1.2，又有何感想呢？

图 1.2　液晶电视库存

"那不是敝社的液晶电视的库存吗？堆积成这样，真是感到羞愧难当……要是早点想办法解决就好了。闲置了资金，浪费了仓储费，得好好反省。"

还想再提个问题，如果不是液晶电视，而是**新鲜的秋刀鱼**会怎样呢？

"秋刀鱼？若是新鲜的秋刀鱼放上几天就会腐烂的，不能这样大量购买，而且还要尽快卖光是吧。这么想的话，液晶电视还好，不会腐烂。"

现在说到了"不会腐烂"，但贝杉社长也认为液晶电视不会腐烂吗？

所有的商品都会"腐烂"

从今天起将进行 9 次关于库存削减的授课。

刚才让诸位看了腹部的剖面图。相信看到图的人中，不只是贝杉社长，任何人都会说那是非常糟糕的状态。原因在于，一看就知道是过于肥胖，有很多的皮下脂肪和内脏脂肪。不言而喻，照这样继续下去的话，总有一天会患上生活习惯病的。

许多人都会知道蓄积多余的脂肪会出现什么问题。

然而，即便看到堆积如山的液晶电视机的照片，普通人也还是无法想象出那是多么糟糕。但如果看到堆积如山的新鲜秋刀鱼，你就能明白变臭后不能作为商品来出售了的道理了。

刚刚说过"新鲜的秋刀鱼会腐烂，但液晶电视就不会"，问题的症结就在于此。下面图 1.3 中各类商品多久将会腐烂，请试着用线将它们连上。

图 1.3　各类商品多久将会腐烂

"鱼和蔬菜是一周以内，而其他的都是一年以上，液晶电和书是不会腐烂的吧?"

嗯，答案只对了一半。

商品在物理上的腐烂与否，唯有食品才有。但是，作为商品而言已变得没有价值，无法售出时，其在某种意义上来说就可以称之为"腐烂"。这样考虑的话，观念自然也会发生改变。

对于电脑和液晶电视这类商品，新产品一上市旧型号的产品则变成滞销品，只能降价出售。周刊杂志等超过一周，且下期出来后则将被从书架上撤下来。

从这些例子中，可以看出**除食品之外的商品事实上也是有保质期**的。

另外，因为书一直是被放在书店里，所以似乎它的保质期很长。但那只是部分书而已。大部分书的保质期实际上只有 2 个月左右。在每天出版的 200 种新书中能够在书店持续放置的只是部分能够卖出去的书而已，而其他大量的书普遍经过数月后则被全部退货。

因此，所谓商品除了在物理上的腐烂与否以外，还有**"作为商品的价值而下降等于腐烂"**的状态。

基于这一事实，再考虑刚才的问题的话，答案便是（图 1.4）：

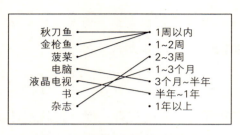

秋刀鱼	1周以内
金枪鱼	1~2周
菠菜	2~3周
电脑	1~3个月
液晶电视	3个月~半年
书	半年~1年
杂志	1年以上

图 1.4　各类商品多久将会腐烂

对各类商品的保质期之短很是吃惊吧？

如按此方式来考虑的话，对新鲜秋刀鱼和液晶电视机弃之不顾的话就都会腐烂的。

请想象一下，如果液晶电视机的外形变得过时，就无人购买，最终的结局是在家电大卖场的甩卖当中被降价出售。

从经营者的立场来看，能回笼多少现金则是决定胜负的关键。**不能从本质上理解"商品会腐烂"，则不能搞好经营。**

那么，接下来的授课将对下面的话题进行讲述：

① 为什么库存会增加？

② 多余的库存会引发何种问题？

③ 采取何种办法维持合理的库存？

④ 如何才能减少库存？

从今日起共有 9 次课，请多多关照。

6

用"天数"来思考库存

此前曾说过所有的商品是都有保质期的。这样的话，如果持有大量保质期短的商品时，腐烂后无法出售的风险就会变大。

那么，要是有能够判断库存或多或少的标准就会方便很多。

举例来说，表示库存的单位都有哪些？

> "首先有个数，1 台、2 台等的情况，还有重量，1 千克、2 千克。"

除此之外还有什么？

> "还有箱或者盒，24 瓶装的啤酒，买 1 箱、2 箱"

有"个数"、"重量"、还有"箱"。除此之还有没有？

> "还有金额。在经销商品时，用金额来表示所采购的商品还剩下多少库存。"

个数、重量、箱、金额……这些都是表示库存量的单位。但仅有的这些还不能够判断现有库存是多是少，其原因在于**库存在商品热销和滞销时，虽为同等数量，但意义却大相径庭。**

在商品热销时持有一定量的库存并无大碍，反之滞销时则不宜持有。因多余的库存积压后将会腐烂掉。所以以销售额作为查看库存量简单易行的标准就是**"库存持有天数"**。

只是语言描述难以想象吧？

比如说，假设鱼店早晨刚刚采购了 150 条秋刀鱼。如果平均每天卖出 100 条的话，则可以表示为：

秋刀鱼　150 条 ÷100 条 / 天 =1.5 天 <3 天[①]

这种情况下，秋刀鱼的库存持有天数是 1.5 天。也就是说，所谓库存持有天数即**"现今销售行情持续的状况下，目前的库存需要几天可以售完？"**

如果秋刀鱼的持有天数是 1.5 天的话，那么在冰箱里保存的同时估计怎么也可以售完吧。可是，库存量即使一样，若每天售出 20 条的话，则：

秋刀鱼　150 条 ÷20 条 / 天 =7.5 天 >3 天

这样，秋刀鱼的库存持有天数为 7.5 天，没有了鲜度不说，还成了无法销售的商品。

---

① 秋刀鱼的鲜度下降很快，所以至少在 3 天之内全部卖光。——作者注

即使同为库存，但因每天销售额的不同，其意义也就有所不同。

库存持有天数也可以用金额来计算。例如，鲜鱼店现在库存按采购金额计算共计 60 万日元，如果每天销售鲜鱼的采购金额是 20 万日元的情况下，即：

60 万日元（库存金额）÷ 20 万日元（每天销售额中的采购金额）=3 天 <1 周

像这样，**库存持有天数与商品的"保质期"相比，不难看出，库存持有天数越多的话，状况就越糟糕。**

那么，到此为止都是以鱼店为例来考虑的，但实际上，日本的中小企业的"库存持有天数"到底有多长，让我们来看看下面的数据（表 1.1）。

表1.1 日本各行业的库存持有天数[①]

行业	持有天数
酒类零售业	19.7 天
鲜鱼类零售业	4.2 天
点心·面包类零售业	11.7 天
汽车零售业	27.7 天
服装·日常生活用品批发业	40.0 天
食品·饮料批发业	12.5 天
电器机械器具批发业	15.9 天

---

① 引自《中小企业の财务指标》，中小企业厅编，2007 年出版。

——作者注

"电器机械器具批发业是 15.9 天，言外之意，敝社的情况下按刚才的计算公式所得出的天数若是小于这个数字的话就是优秀，若是大于这一数字的话则需要重新改正。"

　　稍微明白一些了吗？顺便说一下现在的 YAMAZUMI 商社，因库存持有天数是 57.5 天，所以，可以认为情况是相当的严重吧？

　　那么，关于数字和算式的话题暂时先告一段落，接下来让我们赶紧去看看仓库的现场。

　　"嗯？现在要去仓库？"

　　许多公司都是用电脑来管理与经营有关的数据。现今即便是规模较小的零售店或批发商，也有用电脑进行管理的。

　　就库存而言，以库存量、库存金额、库存持有天数、库存回转率等作为判断标准的数据和指标，一个按键便可看到并加以确认画面和账票。然而，如果只是这样的话，有时也会在不知不觉当中漏掉。

　　如果是鱼店、蔬菜店等，或者是街道的零售店，把想要销售的商品摆放在店铺入口处，摆放不下的部分就放在店铺的里面吧？**因为一边留意身边的库存一边工作，所以，只要是工作着就可以自然感觉到库存增减的变化。**

但像贝杉社长的公司那样，平时实际上是不看商品的，许多时候是一边仅凭电脑的画面和纸张上所写的数据进行判断一边工作。于是，因为全权负责管理的人们一整天都在看数字，所以每次都能把握那些数字的大小。**但事实上这些数字对经营上影响程度如何，紧迫程度如何，却很难看到他们在观念上有何转变。**

因此，首先想让贝杉社长亲眼看看库存现场。

堆积如山的滞销商品库存

（在仓库办公室）

首先请简单介绍一下贵社经营了哪些商品以及是如何进行销售的。

"YAMAZUMI 商社企划了多种家电产品，并委托日本国内外的厂家进行生产。采购后再销售给家电大卖场或邮购公司。敝社的商品销售无论怎么说最大的特色就是便宜。

这层的商品都是 YAMAZUMI 商社经营的吗？

"这一层是从仓储公司租来的。大概有 2 000 平方米，大小和小学的体育馆差不多。从厂家采购

11

来的商品就保存在这里。接到顾客的订货后，由
YAMAZUMI 商社总社发传真至仓库办公室。然后，
从这里发货至家电大卖场或邮购公司的物流中心。
现在敝社所经营的主要商品是 2 ～ 3 年前开始销售
的液晶电视和更早的健康器具（图 1.5）。"

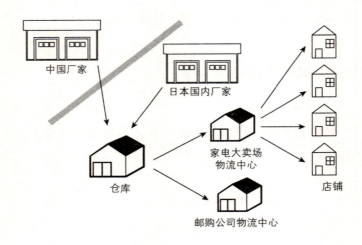

中国厂家

日本国内厂家

仓库

家电大卖场
物流中心

邮购公司物流中心

店铺

图 1.5　YAMAZUMI 商社经营示意图

社长平时来过仓库吗？

　　"没有，几乎没有。因为仓库里的商品全部由
电脑进行管理，所以不需要专门来也能知道还剩下
多少台。时隔这么久来这一看，库存之多真是让我

感到异常的震惊。请看下表（表 1.2），这是现在仓库的库存一览表。"

表1.2　现在仓库的库存一览表

编号	商品名称	库存量	编号	商品名称	库存量
1	AKUBIA 15 英寸	10 000	9	手腕按摩器	1 900
2	AKUBIA 32 英寸（黑色）	4 450	10	头部按摩器	1 850
3	AKUBIA 32 英寸（白色）	2 200	11	瘦脸器	1 800
4	AKUBIA 32 英寸（红色）	1 350	12	瘦臀器	1 700
5	肩部按摩器	5 000	13	腹部瘦身器	950
6	腰部按摩器	4 000	14	NOBINOBI 按摩器	900
7	足部按摩器	3 500	15	脱毛器	800
8	颈部按摩器	2 000	16	其他	※

※ 数量少省略不计

"AKUBIA"液晶电视 15 英寸的 10 000 台、32 英寸的 8 000 台，还有健康器具约 25 000 台。

那么，能马上让我们看看仓库吗？

（在仓库楼层）

看到这些库存果真让人心惊肉跳吧！贝杉社长亲眼看到实景后感想如何？

　　"这里存放着多少库存总是用电脑来确认的，但实际上一看确实超出了想象。再次认识到持有这么多的库存真的是非常糟糕。"

看实物远比看数据更有冲击力。贝杉社长费尽辛苦从银行贷来的资金全部都在这里休眠着。认为能畅销而采购的商品，但却因无法售出，堆在这里的光景真是令人悲哀。

"不仅仅是悲哀。坦率地说是恐怖。"

库存本来是为了销售而存放的，但因滞销而存放的商品却有很多。其中的一部分不是存放而是连续放置数月无人过问，即所谓的"休眠"状态。

要是那样的话，在不同的商品中有些商品肯定就会变得毫无价值而处于"腐烂"状态。这样的话，当看到堆积如山一样的库存时，就该明白这绝非是良好的情况。

每月的库存成本知多少

那么，在此问个问题：你认为持有多余库存的不利点是什么？

"为了存放相应的库存，就需要仓库。"

是的！越是增加库存，所增加的部分就需要存放的地方，如果，这里再没有多余存放的地方的话，就必须要再租一个新的仓库。

这种 15 英寸的液晶电视，在 1 个（每个 1.21 平方米）托盘（置放商品库存的底盘）上能够承载 24 台，如果库存是 1 万台的话，则需要 417 个托盘。

10 000 台 ÷ 24 台 / 个 ≈ 417 个

即使利用货架，每隔 2 层装载的话，也需要约一半，也就是 209 个托盘，即需要约 253 平方米（209 个 × 1.21 平方米）的空间。如果 1 个小学的教室是 64 平方米（8 米 × 8 米），那么大概就必须要租赁 4 个小学的教室面积大小的仓库。

顺便试算一下通常租赁那么大面积的仓库的成本是多少吧。

由于东京临海地区的仓库是 7 000 日元 / 坪（1 坪等于 3.3 平方米），所以就成为

64 平方米 × 4 ÷ 3.3 平方米 × 7 000 日元 / 月
≈ 54.3 万日元 / 月

为了存放这 1 万台液晶电视，每月则必须要花费约

55 万日元的仓储费。

现在这里所租用的面积与小学的体育馆大小差不多吧？假设如果是 2 000 平方米的话，就是

2 000 平方米 ÷3.3 平方米 ×7 000 日元 / 月
≈ 424 万日元 / 月

每月则要支付 424 万日元的仓储费。

但所发生的费用并不止这些。液晶电视的出入库当然必须要依赖仓储公司的作业员。因为以体育馆的面积大小商品的出入库最低也得需要 2 人，如果人均成本是 30 万日元的话，则……

"不，说真的什么商品放在什么地方，我们全然不知，因为必须要查找商品，所以向仓储公司要求提供了 3 个人。"

30 万日元 / 人 ×3 人 =90 万日元

424 万日元（仓储费）+ 90 万日元（劳务费）
=514 万日元

也就是说为保管液晶电视和健康器具的仓储费和劳务

费每月要花费 500 万日元以上。

用这个成本除以仓库里的液晶电视约 2 万台和健康器具约 25 000 个之和，即合计 45 000 台的话，1 台大概是 114 日元。这么想的话似乎看不出金额有多么大，但当每月汇总支付 514 万日元的话，难道还不是相当大的负担吗？况且，库存继续增加，再租用一个与之同等大小的仓库的话，增加的仓库的仓储费如何支付？前面说过仓库也可能不够，所以问题真的是非常严重！

"仓库面积最初是现在的 1/4，不知不觉中就变成了这么大。老实说，再也不想为增加仓储花费钱了。"

为了这一目标，怎么做才能够用更小的空间来达到仓储目的呢？让我们一起来思考下这个问题吧。

刚才大概问了问，但除此之外是否还有什么原因造成持有多余的库存而发生费用呢？

"是贷款利息吗？"

是的。公司是依靠股东出资和银行贷款来进行经营。像这样既然是由集资购买的商品，就必须要尽早将商品出售变现才行。

如果商品无法售出，则作为库存闲置在仓库里的话，那部分资金也就"休眠"了。如果是"休眠"在银行里，尽管微薄，但是会有利息进账。相反，若是从银行贷来的钱，就必须要每月支付给银行利息。

体育馆里堆积如山的液晶电视，如果全部是用银行贷款所采购的话，每月必须要支付多少利息啊！

这个仓库中所有的商品加在一起，大概的销售价值是多少？

"大概 10 亿日元左右。"

销售价值约 10 亿日元的库存，假如采购成本占 80%，贷款利息的比例占 3% 的话，就是

10 亿日元 ×80%（成本率）×3%（利息）÷12 个月 =200 万日元 / 月

加上刚才的成本，则

514 万日元（仓储管理费）+ 200 万日元（贷款利息）=714 万日元 / 月

每个月需要花费 700 多万日元的成本。

"是这样的。如果没有库存的话，则为无货而担心，但持有这么多库存的话也真是十分危险的。"

持有多余的库存还会发生很多的成本。无法出售的商品不可能无限期的放置在仓库里，迟早是要处理的。那样的话，就是废弃处理。电视机等家电产品，因为作为产业废弃物要处理的话，还要再花费处理费用。

"面向奥运会发售的液晶电视机，最初销售情况很好盈了利。然而伴随着奥运会的结束好景不在了，加之又受到市场不景气的影响导致库存增加，这些全都需要支出。迄今为止的利润也全都赔了回去。"

谁都不想持有多余的库存。尽管意识到了库存的增加，但在放置过程中，不知不觉地库存量就会增加至异常庞大的情况很多。

在肉眼看得见的地方有库存的话，所增加的库存一下就可以引起注意，但若是从外面租来的仓库，在日常的工作中就不容易引起注意，所以就容易被遗忘掉。虽说是在利用电脑进行管理，但数字很难让人有真实的感受。

"的确如此。我也是看到堆积如山的情形后才初次感受到了必须要悬崖勒马。"

现在的这个样子，仅持有的库存一年间就要发生 8 568 万日元的成本。

714 万日元 / 月 ×12 个月 = 8 568 万日元

如果能够将成本控制在 3 568 万日元以内的话，成本将减少 5 000 万日元，也就是说实现增加利润 5 000 万日元。

仓储费和贷款利息与所持有库存量成比例：

5 000 万日元 ÷ 8 568 万日元 ≈ 58%

将现有的库存减去 58% 的话是可以的。

"但我不知道该怎么做才能减少库存。"

这是接下来的授课中所要说的内容。

贝杉社长，既然要做就必须要出成果。目标锁定在一个比较合适的高度，将目前的库存削减 60%，借此完成增加 5 000 万日元利润的目标。

顺便问一下，现在的库存金额具体是多少？

"大概 15 英寸的液晶电视机是 3 亿、32 英寸的是 4.8 亿日元、健康器具是 2.44 亿日元、各不相同，全部加起来合计是 10.24 亿日元。"

那么，目标就是将其减少 60%。

"是，我想困难肯定是有的，但我会拼命努力的。"

红色标签作战

那么，现在来讲下今天的授课的重点。

增加了的库存，如今已错过了好削减的时机。现在能做的只是不要再犯同样的错误。

但眼前堆积如山的库存却是不争的事实。

因此，首先最先应该做的是**用自己的双眼确认库存的实际情况**。

刚才说过如果只是店中才有库存的话，那么只要看看货柜的库存和店铺里面的库存就可以了。另一种，如果是大公司，基本上都是租赁外面的仓库。这种情况下，最初阶段首先要前往仓库看实物。

不只限于贝杉社长，库存管理完全交给部下，自己几乎没有去过现场的经营者有很多。所以，经营者首先要去仓库，然后实实在在地观看库存。迄今为止没有认认真真地看过库存的人大概都会吃惊"啊？这么多啊！"

贝杉社长也是一样吧！实际上所看到的与只看电脑的画面和账票上的数字相比具有更大的冲击力。

实际上最好是应该让全体员工都去看一下，至少也得让与库存增减有关的人员去看看比较好。这些人包括制定销售预测的销售人员、实际负责进行订货的人员，还有公司的高层即经营者。

在削减库存方面，仅仅依靠现场和订货的人员是无法改善的。**既然经营商品，在这个公司工作的全体员工就要亲自去看一看，切身感受一下"库存持有过多"是很可怕的。**

那么，接下来要做的事便是"腐烂的库存"的废弃。

即便不是物理上的腐烂，但如你所知，持有多余的库存就会发生仓储费、劳务费和贷款利息等各种各样的成本。

往往会想"反正能卖出去就先拿着吧！"，但因持有就会连续不断地发生额外的费用。将要的东西和不要的东西明确区分开，将不要的东西最先扔掉。

"扔掉什么？如何来决定？"

最终的是需要由工作人员来进行判断的，但首先按下面的标准进行检查比较好吧。

物理上的腐烂库存

- 不合格商品 (因生锈、划痕或脏污等不能作为商品销售的)

商品价值低下的库存

- 一段期间内没有销售额的库存 (不同的商品天数不同，3 个月、半年、1 年等)
- 因型号更新，新产品上市后（可适当持有一些旧款 ）

　　即便经过这些程序检查出来的商品也很难判断是否应该扔掉。这时最为有效的是在实际的工厂现场改善中实施 **"红色标签作战"**。

　　对于认为废弃了也行却又不能下决心的商品，暂时先贴上红色标签把它们集中放在一个地方。过了一段时间，如果带有红色标签的商品销售出去的话，就将红色标签揭下出货。如果过了一定的时间，还贴着红色标签的话，就将它们废弃掉。

　　将要与不要的东西区分开，扔掉不要的东西这一做法在工厂的现场改善上称作 "清理"。这个在工厂被称作 5S 中 ["清理 (Seiri)"、"整顿 (Seiton)"、"清扫 (Seisou)"、"清洁 (Seiketsu)"、"素质 (Shitsuke)"] 的第一个 S。

　　仅清理一项，就能够减少相当多的库存。

　　在被强行塞进仓库里的库存减少后，接下来要做的是

"整顿 (Seition)"。这是 5S 中的第 2 个 S, 需要的东西要立刻能够取出来。

在仓库内商品的出入库需要人手。如果仓库确实整顿了的话，只需少量的从事商品出入库的作业人员即可完成。可是，如果不清楚什么东西放在哪里的话，就需要更多的人手，这部分仓库的维持成本也会额外增加。

整顿对于精确地把握何物、何处、多少是非常有效的。**无论电脑里的信息再怎么完备，如不清楚何物放在了何处，不能立刻找到想要的东西，就跟最初没有是一样的。**

为了减少库存，准确地把握何物、有多少这样的数据是大前提。只要这个条件尚未清晰，那么就无法站在库存削减的起跑线上。所以，清理和整顿是非常重要的阶段。

> "原来如此。清理和整顿有这么的重要，我算是知道了。刚才的红色标签作战，也赶紧在我的家里实践一下。"

在我家，是吗？用它来整理什么？

> "是我妻子的衣服。衣柜里已经全塞满了衣服。"

的确衣服也有许多情况是在不经意间就积攒了很多多余的。何时能穿？就在这存放期间，最后也判断不下来，衣柜的衣服就一直在持续增加着。

那么，无论如何请贝杉社长一定要带头指导衣柜的 "库存削减。"

留给贝杉社长的作业

从现在开始，每次都要给贝杉社长留作业。

今天是第一次，一语道破了 "清理"。下次上课前请一定要事先做一下。

在这里，有一点希望，就是千万不要交给部下来做。理由之一是因为如果不是社长，有些事就无法判断。比如说清理，扔与不扔的判断不是社长的话，则难以下决断。

另外一个是，希望通过在现场的身临其境再次感受一下变成今日的这种状况。

"废弃" 的有利与不利

> "那个，老师虽说要扔掉库存，但在财务处理上似乎并没有这么简单是吧!"

是的。与家庭里不需要的大型垃圾的处理情况不同。根据废弃的金额，必须要履行其相应的手续。

于是，当公司的资产作为废弃处理时，就会发生 "废弃损失"，即，无法售出的废弃商品，因为不是正的销售额，而仅仅是个负的费用，在公司不太盈利时大量进行废弃处理的话，就会有亏损的危险。

在公司盈利时处理的话，减少利润的同时并减少税金也是允许的，但因记账方法的不同而变为漏税。无论用哪一种方法都必须要注意。

那么，在下次课之前请一定要好好完成作业啊！

截止目前为止的成果
截止目前为止的减少目标　　60% → 0%
仅做这些的收入目标　　　　花费 5 000 万日元→ 0 日元

第 1 讲　汇总

首先要亲临现场，并亲眼查看库存

百闻不如一见。只看电脑的画面和资料上所显示的库存数字的话，是无法涌现出任何真实感的。但若直接用自己的眼睛来看那些堆积如山的库存的话，就会感到"再这样继续下去将会非常糟糕"！削减库存首先要从体会这样的心境开始。

用"天数"来思考库存

库存有多少，仅仅依靠库存量和金额是无法知道的。为了售完目前全部持有的库存，大概必须要持续销售几天，试着用"天数"来看是很重要的。这个天数越长商品的周转就越坏，就有必要重新调整其经营及管理方法。

库存天数 = 库存金额（数量）÷ 平均每天的销售成本（数量）

单纯放置库存，所需要的成本知多少

堆积的库存到底会产生多少成本？试着计算一下，对仓储费、劳务费、贷款利息等费用感到非常愕然是吧。而且，当废弃时，不但要交作为产业废弃物的费用，而且在财务上还要作为负的费用来进行处理，所以，就会减少利润。持有大量的库存，仅仅是单纯的放置在那里还是不能解决问题。

第 2 讲

区分畅销商品和滞销商品

省去午餐的理由

……今天省去了午餐。

"？老师，发生了什么事？"

今天的午餐本来是想买个盒饭或是饭团，一进那家便利店，可全都卖光了。

"是不是附近在搞什么活动啊？运动会什么的？一到那时便利店的盒饭、饭团常常会在午餐之前卖光。"

便利店一般都要核查一下当地的活动等，如果有什么活动的话，就肯定会增加盒饭和饭团的进货。但那家便利店看样子没有那样做。

上面的话就说这些。那么，让我们马上进入今天的授课吧！

今天是第 2 次授课，先请汇报一下上次的作业吧。怎么样了？亲自尝试着清理仓库了吗？

"从那之后马上就做了。当然我也一起参加了。"

怎么样啊？

　　"哎呀，首先是什么东西，放在哪里，糊里糊
涂的，幸亏事先叫了仓储公司的库管员。因为要是
不问的话就完全不知哪里有什么东西，还自己公司
的商品呢，真感到羞愧。"

清理出什么东西了吗？

　　"从陈旧且滞销的商品到外箱破裂里面损坏的商
品，清理出去了很多。结果每个星期日全部都在清
理，但多亏了它，结果腾出了仓库 10% 的空间、大
约有 200 平方米。并已请求仓储公司解除了那部分
的合约，每月立刻能够节省 42 万日元的开销。"

424 万日元（仓储费）×10%≈42 万日元

已经解除了合约？没关系吗？会不会出现库存仍在增
加，不租新的仓库就不行的情况啊？

　　"没有关系的。在以后授课中学习的内容要逐
一实践，并最大限度地注意不返回到以前的状态
上。从现在起怎么做才能减少库存呢？请您多给

我一些建议。"

您很用心啊！明白了，我将力所能及地满足您的心愿。

不要发生缺货

在上次的授课中我们说过，持有多余的库存就会产生多余的成本。但为了减少多余的库存，就要减少超出必要限度的库存，引发缺货是很糟糕的事。刚才恰好出现了这个话题，特别是像便利店等，与滞销相比通常更厌恶缺货。

"我也是这样。商品一缺货，就总是会向部下发牢骚。"

店铺销售的情况下，商品一旦缺货，即便是得到顾客的订货也无法立即销售。顾客若是能等到商品到货还好，但由于去别的店也能马上买到同样的商品，那样的话可就不好了。

若是名牌包或是中意的新车的话，即使当时没有库存也可能会等待进货吧！

但像食品、生活用品，即使是昂贵的电脑等，所去的商店如若没有库存的话，当然就会买别的商品或去别的商店购买。

本应售出的商品往往因此而未能售出，所带来的不利之处不仅仅是这个，顾客**去一家商店，若是没有自己想要买的东西，下次就不再想去了**。虽然只是一次的缺货，但它却能夺走此后未来的销售额。

所以，首先要优先销售，在此基础上才要考虑如何减少库存。为此也必须要对商品的缺货给予充分的注意。

最低限度的库存计算方法

既不能缺货，也不能持有多余的库存。像这样完成最低限度的库存也不是件容易的事情。

偶然由于名演员的介绍，某种商品又突然畅销起来，为防止缺货，必须要增加这个商品的进货量。相反，因某种原因导致销售阻滞时，就要减少这个商品的进货量，必须要减少库存。

根据销售情况必须要经常持续地控制进货

顺便想问下贝杉社长，进入卫生间时，是否体验过"没有卫生纸！"的经历？

"有啊，有啊！恰巧今早就遇到这种事了。卫生纸还没到完全用完的地步，但我进去时已只剩下30厘米左右了。前面进去的人为何就不检查一下是否还有替换的卷纸呢？甚是可恨！"

社长在使用之前，还有 30 厘米对吧！但与社长一次所使用的量相比还是略显不够的。

"是的。我多数时一般用 100 厘米左右。但过了一会，在这之前进去的是一个女孩子，因意识到只剩下这最后的一卷，所以好似是到附近的便利店买了回来。在我离开卫生间之前给我拿来了新的卫生纸。真是松了口气。"

虽算不上是个什么好的例子，但以卫生纸为例思考一下库存吧。谈到这次贝杉社长遇到的情况，可按如下的方式进行计算。

30 厘米（进入卫生间时）+30 米（追加的部分）–100 厘米（使用了的部分）=29 米 30 厘米（离开卫生间时）

也就是说，进入卫生间时卫生纸的库存为 30 厘米，不是一直都是 30 厘米，如果使用的话就会减少，追加新的话就会增加，必须要结合情况做加减法。计算公式如下所示：

现在的库存量 + 进货量 – 销售量 = 新库存量

在此，就销售与订货、进货来试着做个模拟测试吧。

假设某商店的某一商品在上周的销售量如表2.1所示。8 月 7 日（周日）关店时的库存是 10 个。

表2.1　某一商品在上周的销售量

	8月1日 周一	8月2日 周二	8月3日 周三	8月4日 周四	8月5日 周五	8月6日 周六	8月7日 周日	合计	平均
销售量（个）	4	5	1	2	4	2	3	21	3

8 月 8 日（周一）的一大早，因有上周订购的 30 个商品进货，所以 8 月 8 日（周一）开店时的库存是 40 个。

那么，现在作为 8 月 8 日（周一）的早上，请试着预测一下本周（8 月 8 日—14 日）的销售量。

"上周的销售实际业绩合计是 21 个对吧！所以，按下周一个星期也能卖出 21 个……"

每周一的上午订购下一周的进货量，但这周订多少个呢？

"是啊！考虑到上周的销售行情偶尔不错的因素，但订少了吧又有些担心，所以，暂时还是订和上次一样的 30 个（图 2.1）。"

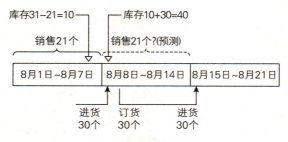

图 2.1　进货量分析图

那么，过一周后再看看，实际的销售量如何？本周的销售量如表 2.2 所示，远超出了预测量。

表 2.2　本周的销售量

	8月 15日 周一	8月 16日 周二	8月 17日 周三	8月 18日 周四	8月 19日 周五	8月 20日 周六	8月 21日 周日	合计	平均
销售量 （个）	5	5	4	4	5	5	7	35	5

8 月 14 日（周日）关店时的库存剩了多少个？

"销售了 35 个，40 个减去 35 个剩余 5 个，差点就到了缺货的地步。"

8 月 15 日（周一）早上进货多少？

"8 月 8 日（周一）订货 30 个，也就是说 8 月

15 日（周一）开店时的库存是 35 个，要是再多订点就好了。"

你预测下周的销售量会是多少呢？

"照上周趋势销售的话，因每天有销售 7 个的时候，所以把这种情况考虑在内估计 7 天就是 49个，如预测准的话就会缺货。"

那么，8 月 15 日（周一）需要为下周订多少个呢？

"是啊！也有上次的教训，所以这次要更富余些，订 70 个吧（图 2.2）！"

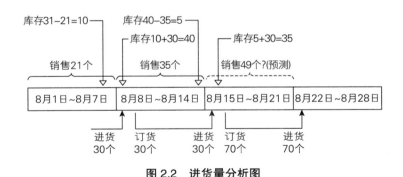

图 2.2　进货量分析图

那么，一周过去后汇总时，得出了此次的销售结果

（表 2.3）。销售量少于预测量。

表2.3　第三周的销售量

	8月15日 周一	8月16日 周二	8月17日 周三	8月18日 周四	8月19日 周五	8月20日 周六	8月21日 周日	合计	平均
销售量（个）	1	0	1	0	0	1	1	4	0.57

"什么？怎么只售出了这么点？没缺货固然好，可这也太……!"

8 月 22 日（周一）开店时的库存是多少？

"8 月 15 日（周一）开店时库存 35 个减去本周售出的 4 个还剩 31 个。然后

加上 8 月 22 日（周一）一大早所进的货，也就是前一周所订的 70 个，所以总共是 101 个。"

那么，预测下周的销售量是多少呢？

"怎么办好呢？到现在为止预测两次的结果都出乎意料。所以都没自信了。"

不要想得那么复杂，试着轻松回答问题就好。这是最

后的问题了。

"感觉上周减少的反作用就是本次的反弹，所以，销售量的预测与上周一样 49 个，订货量还是 70 个（图 2.3 ）。"

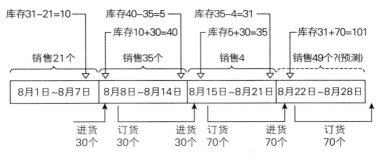

图 2.3　进货量分析图

非常感谢！看来贝杉社长无论如何也是不想让商品缺货呀！

"是这样的。就因为我总是这么想，所以，才经常会订了很多很多的货。"

原来如此。那么，将刚才的 3 个星期的库存变化整理成图来表示，如图 2.4 所示：

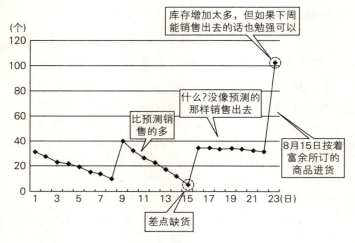

图 2.4　库存变化图

库存增加的过多了。

从图 2.4 中可以看出，**商品畅销则库存就减少，依据销售行情来进行判断，然后进行订货，商品进货后则库存增加。将这种持续的循环称作"库存管理。"**

订货是库存的加速器和制动装置

刚才让大家进行了库存计算，但即便想控制库存量，销售量也是由当时的顾客来决定的，其他的则毫无办法。另一方面，进货量则可以根据何时，订多少货来自行决定的。

为确保最低限度的库存，库存推移图中的峰值要尽可能低的同时还要必须注意不能破零。为此，如何合理的订货则成了关键。

请让我们来试想一下汽车驾驶。至今为止只在车辆少的农村道路上驾驶过的人，为避免引发在交通量多的高速公路上的冲撞和拥堵，应该怎么驾驶呢？

是否必须要一边小心慎重地踩着加速器和制动装置，一边随着周围的车流驾驶呢？

如果比周围的车流速度快，且与前边的车辆距离太近的话，一旦前边的车辆紧急刹车时就会发生车辆碰撞。如果进货比销售多，则销售突然停止时，积压的库存就会堆积如山。

反之，如果比周围车流速度慢的话，就会引起交通堵塞，后面车辆的喇叭声就会像暴风一样。如果进货比销售少，就会发生缺货，市场上就会做出"那家店没货"的评价。

高速公路上，据说在缓坡的前后会发生堵塞。驾驶员如果没有意识到有上坡，就会按原有的速度行驶，在不知道的情况下减速了。为避免发生这一情况，驾驶员需要提前关注前方的路况。

像这样，驾驶员（负责订货的人）在要注意查看周边车流（销售实际业绩）和前方的路况（销售预测）的同时，还要脚踩加速踏板和制动踏板（订货），避免发生追尾和堵塞，高效地运用燃油（既不缺货，又不持有过多的库存）。

　　管理商品的库存量也是同样的道理。就便利店里的饭团而言，查看店铺货架上库存的同时，不仅是要利用收款机所收集的销售数据，还要以商品信息、天气预报和周边活动信息等未来的信息做依据，决定进货量。

　　驾驶员只是驾驶一辆汽车。而没有必要驾驶 2 辆、3辆。但若是便利店的盒饭和饭团，则数百件的商品必须由一个人来管理。因除了盒饭和饭团以外还有其他的商品，所以全部商品加起来接近 3 000 件。

　　不仅限于便利店，对大多数的商品而言，判断是否已经低于了一定的库存量以及预测今后销售量的同时进行订货，持续不断做这样的事情实属不易。

　　因此，**并不是所有的商品都要同等对待，而是有必要有张有弛。**

　　那么，如何做到有张有弛，判断其标准的原则是：商品是畅销还是滞销。

订货的方法要有张有弛

　　店里所经营的商品不可能全部畅销，那 YAMAZUMI 商社也就不例外了。商品有"**热销商品**"和"**滞销商品**"之分。

如文字所示，热销商品是每天能够销售出很多的商品，滞销商品是基本上销售不出去的商品。但若说是滞销商品，虽然每天销售不出去，但每隔一段时间也是能够销售出一些的。

比如说，便利店里的饭团就是典型的热销商品。货架上就算是摆放得满满当当的，也还是不停地被销售出去，不一会的工夫就会售罄。

知道在那样的便利店里也会意外地摆放着"某个商品"吗？贝杉社长，你认为那是什么？

"不，完全想象不出来，我平常几乎只是在那买饮料和食品。"

是蜡烛。蜡烛？是不是难以想象谁会在那买蜡烛吧！虽然偶尔能稀稀拉拉地销售一点，但还是整整齐齐地被摆放着。我从最初发现便利店摆放着蜡烛开始，至少也连续摆放了 5 年。

在滞销商品会立刻被撤下的便利店货架上，蜡烛一直能够持续摆放在那里，虽然不显眼，但却是持续销售的证据吧。

热销商品的饭团是不允许缺货的。如果被贴上"不管什么时候去那家店，很少见到饭团"标签的话可是致命的。每天 3 次，什么东西、采购几个，并根据其每次的销售数据和库存数、商品信息、天气情况和活动信息等来进行订货。

那么，蜡烛也是经过这样细致的分析来订货的吗？我想恐怕不会是这样的。货架上的库存减少到一定数量后，订购事先决定好的数量就可以了。

即，**根据商品的销售行情，有张有弛地进行订货**。

热销的商品需要每天进行检查并加以细致分析，投入时间来订货。另一方面，除热销商品之外的商品，库存减少到某种程度数量时，按事先确定好的数量来进行订货，不用投入过多时间就可以维持齐全的商品。

这样的话，与订货相关的工作就能够有充裕的时间和精力投入到仔细分析热销商品的订货上。

"我想敝社的热销商品恐怕是液晶电视了。"

让我们用实际的销售数据来确认一下吧。在判断所经营商品中的热销商品时，介绍下一个简便的方法，即"畅销排名分析（ABC 分析）"。

80：20 法则

所谓"畅销排名分析"是指**将众多商品清理后，按重要度的顺序进行排列，然后标注优先顺序来进行管理**。

为有效地进行管理，把商品的销售额从高到低的顺序进行排列，并将其结果按"A"、"B"、"C"分为 3 个区。

那么，让我们看看实际中 YAMAZUMI 商社"畅销排名分析"的结果（表 2.4）。

表2.4

	商品名称	单价（日元）	销售量	销售额（亿日元）	比例
1	AKUBIA32 英寸（黑）	60 000	3 400	2.04	37.6%
2	AKUBIA32 英寸（白）	60 000	1 850	1.11	20.4%
3	AKUBIA32 英寸（红）	60 000	1 350	0.81	14.9%
4	AKUBIA15 英寸	30 000	2 000	0.60	11.0%
5	肩部按摩器	10 000	1 750	0.18	3.3%
6	腰部按摩器	10 000	1 500	0.15	2.8%
7	足部按摩器	10 000	1 000	0.10	1.8%
8	颈部按摩器	10 000	900	0.09	1.7%
9	手腕按摩器	10 000	800	0.08	1.5%
10	头部按摩器	10 000	700	0.07	1.3%
11	瘦脸器	10 000	600	0.06	1.1%
12	瘦臀器	10 000	500	0.05	0.9%
13	腹部按摩器	10 000	400	0.04	0.7%
14	NOBINOBI 按摩器	10 000	300	0.03	0.6%
15	脱毛器	10 000	200	0.02	0.4%

※ "其他"省略

怎么样？最畅销的商品是什么呢？

"敝社销售额现在排在最前位的是 AKUBIA32
英寸的液晶电视。畅销排名依次为黑色、白色、红色，而第 4 位是仍持有库存，现正以低价进行销售的 AKUBIA15 英寸的液晶电视。然后是敝社之前一直经营的健康器具。特别是以人气旺盛的"MOMIRU"系列为主的健康器具，销售额较多，但因价格便宜，所以对整体而言，所占销售额的比率较低。"

"畅销排名分析"根据各种商品的销售额占总销售额的比率（销售额占有率），得出

· 销售额占有率从上至下合计占 80% 的商品……A 区
· 销售额占有率从上至下合计占 80～90% 的商品……B 区
· 销售额占有率从上至下合计占 90～100% 的商品……C 区

分为 3 个区并进行管理。
那么，让我们将 YAMAZUMI 商社的商品按 A、B、C 区来划分一下吧。

"变成了如下方式！"

是啊！这时用商品数量来看的话，通常 A 类是全体商品数量中的 10～20%，B 类是全体商品数量中的 20～30%（图 2.5）。

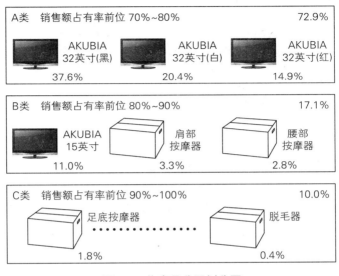

图 2.5　将商品分区划分图

总之，如果牢牢地把握好销售排名靠前的 10～20％商品数量的话，就能确保总销售额的 70～80％，如果是销售排名靠前的 30％ 商品数量的话，就能够确保总销售额的 90％。

"的确如此，敝社的商品刚好也是那么多的比例。"

实际的百分数因行业和所经营的商品而或多或少，但如果重点管理销售额高的商品的话，有效管理销售额的大部分无论在哪种场合都可以说是相同的。

所以按这种方式，按类别区分有张有弛处理订货比较好。

A 区……投入精力订货

B 区……不需要过多投入精力订货

C 区……与 B 区基本相同，但不需要投入更多精力，
　　　　用简单的方法来订货

　　YAMAZUMI 商社主要的 15 种商品中，销售额排名
靠前的 20% 的 3 种商品占总销售额的 73%，销售额排名
靠前的 40% 的 6 种商品占总销售额的 90%。

　　由于销售排名靠前的 20% 的商品所经营的数量也很
多，所以，如果缺货则对销售额的影响很大，相反，如果
库存剧增则恐怕很有可能动摇公司的经营。

　　液晶电视的竞争很激烈，因为商品的胜负是由价格所
决定的，所以一定要注意竞争厂家的动向和实际销售的价
格后再来决定订货量。

　　YAMAZUMI 商社现在是如何向厂家订货的呢？首先
请说下 32 英寸的液晶电视。

　　"AKUBIA32 英寸液晶电视接受了 15 英寸时候
的教训，向日本国内厂家订货了。彻底进行了现场
改善的结果是发现了和中国同样生产成本进行生产
的厂家，所以就委托那里生产了。"

订货方式是怎样的呢？

　　"每月 1 次。查看上个月的销售情况后再订货。因我依旧千叮咛万嘱咐地要求不许缺货，所以库存总是富余。从订货到交货的期间大约是 1 个月。"

经营种类更多的健康器具是怎样订货的呢？

　　"这些商品与其说靠经验和灵感，不如说更多的时候是依靠感觉。商品主要批发给邮购公司，但因每周的销售额都很稳定，所以，多持有一些库存的话就不会出现缺货。还有，因已经连续销售了两年多，所以就算是有些库存，想到无论如何都能够销售出去，因此就不是很在意了。"

　　原来如此。A 区是以上个月的销售行情为基础，利用过去的经验和感觉，B 区和 C 区好似是适当的、首先进行了有张有弛的处理。

　　但是，若能够再稍微科学地进行计算后再订货是否会更好？在此之前已观看了仓库，但库存好似过多。

　　"哎呀，因为只是想着要避免缺货，所以无论如何也要使库存多些，再多些。"

那就是 AKUBIA15 英寸液晶电视状况的原因所在啊！值此机会，请一定要再稍微科学地挑战一下库存削减的方法。

"科学"订货的方法

根据"畅销排名分析"将公司所经营的商品分为 A、B、C 这 3 个区后，然后根据区分来决定如何选择订货方式。

订货方式不止一种，而是多种多样的。首先，订货方式都有哪些？就主要的 3 种方式进行一下解释。

用身边的例子说明了这样在库存管理上常被使用的 3 种订货方式，但其实在我们的日常生活中早就使用了与之相同的订货方式来购买商品。但是，那是"总觉得到了这个量后，就去购买同样的量"这样一种感觉上的东西。

这次将介绍一下科学地导出方法，即"到了哪一个量后就购买多少的量"这一方法。

现在所介绍的 3 种订货方式可以按下面的 2 个条件进行分类：

•订货的时机是何时　定期或不定期
•订货量是多少　　　定量或不定量

> √ **预测方式（定期订货方式）**
>
> 　　请想像一下生协①的送货到门的场景。每周 1 次，在规定好的日期订货后，1 周后送到。不只限于每周 1 次，对每天、每月 1 次的情况，定期地对所需要的量进行预测后再进行购买。以数据为基础的订货量"预测"所需要的方法只有这一方式。
>
> √ **边际方式（订货点方式）**
>
> 　　请想象一下购买大米时的场景。容器内的大米下降到一定的量（边界线）时，就会追加购买 3 千克或 5 千克这样固定的量的袋装大米。像这样"预测方式"以外的方式，"订购多少"的量是事先已决定好的，或者是每次计算出来的。
>
> √ **两箱方式（两瓶方式）**
>
> 　　请想象一下"烟鬼"父亲成批购买香烟时的样子。每天吸两盒以上香烟的父亲，集中买了 1 条（10 盒香烟）。家里已有 2 条，吸完 1 条后再买回 1 条这样的购买方式。

按订货的时机试着分类的话，则成为：

● **每天订货**

　　•每天预测方式

● **从数日到数周间**

　　•每周 1 次预测方式

　　•边际方式

---

①　为"生活协同组合"的简称。基于日本消费者生活协同组合法（1948年）而设立。市民为提高生活水准汇集在一起，设立各种生活协同组合。——译者注

● **每月订货**
  •每月 1 次预测方式
● **从数周到数月**
  •两箱方式

当然像每天预测方式那样高频度的方法就费时费力，而频度低的定期订货却省时省力。

最近利用电脑进行库存管理的地方比较多，所以，在边际方式的情况下利用电脑能够自动进行订货，但订货后就要涉及付款，所以自然地就需要相应的工作人员来核对订货金额等。

其次，按订货量试着分类的话，则成为：

● **每次订货量相同**
  •边际方式
  •两箱方式
● **每次订货量不同**
  •预测方式

这时也是一样，当然是每次订货数不同时要费时费力，而每次订货数一样的话，就省时省力。但是，每次预测订货量的情况下，是可以细致对应这部分的。

以这些为基础考虑的话，就刚才的区分而言：

● A 区……即使投入精力和花费时间也愿意管理的商品
　　→预测方式
● B 区……不怎么投入精力和花费时间愿意管理的商品
　　→边际方式
● C 区……彻底省事
　　→两箱方式

从上面我们可以看到各自适合的订货方式。

在下次及下下次的授课中将就这 3 种订货方式进行更为详细的解释。

到此为止，讲述了 3 种订货方式，但订货方式并非只有这 3 种。接下来，对另外 3 种订货方式也简单地进行一下解释。

√ **满箱方式（补充点方式）**

　请想像一下汽车加油的场景。加油灯一亮就加满汽油，一旦低于所规定的量的话就购买事先所确定好的量。

√ **看板方式**

　请想像一下夹在书中的订购卡（订购单）的样子。现在已经不使用原来的方法了，但原来是在售出书后要从书中取出订购卡，由书店送给经销商。经销商根据订购卡将新书配送给书店，也就是说，订购卡就这样起着订购信息的作用。

√ **货到付款方式（委托托管库存方式）**

最近几乎看不到这种方式了，但与所谓的"富山药品销售"是同样的形式，要在主要的客户那里以汇总的形式放置药品，下次来时只收取减少了部分药品的药款。与在酒店的冰箱里所放置的啤酒和饮料等结构是一样的。

这 3 种方式也将在下次及下下次的授课中做进一步详细的解释。

留给贝杉社长的作业

那么，这次也有作业，这次的作业是"整顿"。

上次因十分彻底地进行了清理，让 YAMAZUMI 商社租用的仓库空间得以减少，从而获得了巨大的收获。但是，还远远没有达到令人满意的水准。

接下来要进行的所谓的整顿，是要将 YAMAZUMI 商社的商品按"畅销排名分析"来试着进行区分，根据结果试着重新考虑一下商品的摆放位置。那时，将不是按这次的销售金额，而是按照销售量的顺序来进行排名。

重点是将 A 区和 C 区各自的商品重新分别试着放在 A 区的出入口附近、C 区的仓库的最里面或者货架的上面。

也就是说，畅销商品要放在容易取出的地方。销售不太好的商品要放在不易取出的地方。

知道这是为什么吗？

　　"在放置方式上想办法，是为了能够缩短在接到订货后取出货物的时间。"

　　正是如此。在一道工序上所花费的时间变短的话，相应的人手即使少也能够完成。比如说现在仓储公司的 3 名工作人员所做的工作，经过整顿后 2 人就可以完成了。

　　"我明白了。一定试着做一做。"

　　那么，期待着下次能听到您更好的汇报。

截至目前为止的成果

截至目前的减少目标　60% → 0.2%　[※1]

仅做这些的收入目标　5 000 万日元 → 344 万日元　[※2]

注: ※1　200 万日元（经过这次整顿减少的库存）÷ 10.24 亿日元 ≒ 0.2%

　　※2　42 万日元 / 月（仓库减少部分）× 12 个月

　　　　 –200 万日元（减少了库存部分的废弃损失）× 80%（成本率）

　　　　 = 344 万日元

第2讲　汇总

通过进货与销售决定库存

现有的库存量＋进货量－销售量＝新库存量

通过进货与销售量决定库存。进货量因订货的方法而发生改变，但销售量则由顾客决定，其他的则无济于事。这其中，在查看销售行情的同时，还要对应销售量来进行订货，即没有过多库存也不发生缺货是最期望达到的。

试着按"畅销排名"来进行排列

所有的商品若用同样的精力订货的话效率就会非常低。所以，可试着计算一下各种商品的销售额，销售金额高的商品就投入更多的精力和时间去订货，而金额低的商品就少投入精力和时间订货。像这样，有张有弛就显得很有必要。

按畅销排名决定订货的方法

按着"有张有弛"这一要点，区分各种订货的方法。即，

·销售额前 20% 的利用"预测方式"，投入精力进行订货；

·销售额前 20% ～ 40% 的利用"边际方式"订货；

·销售额前 40% 以下的利用"两箱方式"，不过多投入精力和时间订货。

第 3 讲
对畅销商品要投入更多精力

年间降低成本 864 万日元

上次留的整顿仓库的作业完成了吗?

"用销售量进行畅销排名分析,畅销的商品放在出入口的附近,滞销的商品挪到仓库的最里面了。"

那是怎样配置的呢?

"在出入口的附近,试着放置了现在畅销的AKUBIA32英寸的液晶电视,在它的里面放置了AKUBIA15英寸的液晶电视,再往里面放置了畅销的MOMIRU系列商品。此前,特别是因大量AKUBI15英寸液晶电视的残货放在了仓库的里面,所以取出时很费时间,但这次移至了出入口附近真是方便多了。"

仓库的作业员说了些什么?

"库存减少了,并且因为放置的位置也更加合理了,所以比之前节省了很多工作时间。如先生所说的那样,仓储公司来通知说减少了1名作业员。"

这样的话，一个月就降低了 30 万日元的成本。再加上由于仓储面积减少而降低的费用，每月能减少 72 万日元，即年间能降低成本 864 万日元。

42 万日元（仓储费的成本降低）+ 30 万日元（减少仓储工作人员的成本降低）= 72 万日元

72 万日元 / 月 ×12 个月 = 864 万日元

感觉如何？是不是一步一步地出了成果？

但还没有真正地进行库存削减，是不能够就此满足的。从现在起才是削减库存真正的开始。

那么，让我们开始今天的授课吧！

每周四是生协的订货日

上次就控制好既不能缺货也最好不要有多余库存的订货方式进行了简单的介绍。所以，在本次及下次的授课中，将以下面的 3 种订货方式为中心进行进一步详细的解释。

● A 区……即使投入精力和时间也愿意管理的商品
　→预测方式

● B 区……不愿投入精力和时间但愿意管理的商品

　　→边际方式

● C 区……彻底省事

　　→两箱方式

　　首先，让我们就 YAMAZUMI 商社畅销商品，即 A 区的 AKUBIA 32 英寸（黑色），利用实际的订货方式来进行一下计算吧。

　　适用于 A 区商品的是"预测方式"。这种订货方式之前已解释过，请想象一下生协的场景。贝杉社长知道生协吗？

　　　　"不知道那个，所以这段时间问了妻子。这是
　　地区的生协所运营的食品配送机构吧。我家每周四
　　从商品目录中选好后订货，说是下周四就能把食品
　　送过来。"

　　生协的配送方式通常是每周订一次货，下周就能到货。当然，预测方式也还有像每周、每天、每月、每 10 天 1 次等各种各样的订购方式。总之，只要是定期的话就没有问题。

　　那么，AKUBIA32 英寸（黑色）利用每月的预测方式怎样订货才好呢？让我们迎合生协的配送来考虑一下吧。

科学地决定每月的订货量

生协的配送是每周 1 次，那么 AKUBIA32 英寸（黑色）液晶电视现在是怎样的一个订货频率呢？

"AKUBIA32 英寸（黑色）液晶电视每月 1 次向日本国内的厂家订货，1 个月之后到货。一到月末，因为库存大概就会降到 2 000 台以下，所以，为了让下个月末也保持同样的台数，就订了 3 500 台。"

原来如此。那么，让我们用预测方式来考虑一下吧。

首先，利用生协的配送时，订什么、订多少，你认为应怎么决定？

"难道不是凭妻子大脑中的直觉和经验吗？"

如果是那样说的话就等于什么都没有说。本金和利息都没有啊。站在妻子的立场上请尽可能地想象得具体一些。

"首先，想一下在那段时间消费了多少食品，考虑一下大致每周消费多少？"

是啊！那么，以猪肉为例考虑一下吧。猪肉在家庭食品"消费（畅销）排名分析"中，估计应该是在 A 区。

A 区 猪肉 250 日元 /100 克 ×171.4 克 / 天 ≈ 429 日元 / 天

B 区 大米 600 日元 /1 升 ×0.3 升 / 天 =180 日元 / 天

C 区 酱油 2 日元 /1 勺 (0.5 毫升)×10 勺 (0.5 毫升)/ 天 =20 日元 / 天

表 3.1 是我家上周猪肉的消费量（克），请利用这些数据来预测一下下周的消费量吧！

表3.1　一周猪肉消费量

周四	周五	周六	周日	周一	周二	周三	合计	平均
100 克	200 克	300 克	300 克	0 克	200 克	100 克	1 200 克	171.4 克

"因为上周消费了 1.2 千克，所以这周也订 1.2 千克如何？只是，怕还会有像上次那样在下周突然增加或减少也是有的……"

前面所列举的某店某商品不过是个笼统的例子，只是个单纯的数字而已，但这次却是我家实际的消费数据。问什么都可以。

"老师家里平常就消费这么多的猪肉吗？"

是的，平常大概就这些。

"要是这样的话，这周也同样还是订 1.2 千克。"

已经给出答案了？举例来说，猪肉的消费量是增加了还是减少了，也不问问是吗？比如说，孩子的表兄弟们来家里玩并要住宿等，还有全家外出旅行长时间家里没人，随着这些情况的发生，结果就有可能发生变化的。

现实中 YAMAZUMI 商社所经营的液晶电视的情况如何？若是按现在假设条件的话，能够预测吗？

"这么说的话，家电批发商在搞大降价促销活动时，销售也是增加的。即使是在活动期间，对于每年固定的时期所举行的活动是可以进行事先预测的。比如说，奖金季节，新生入学、调动工作时期等。下面的表 3.2 中的数据是 1 周的销售业绩。"

表3.2　一周的销售业绩

	销售台数（台）		销售台数（台）		销售台数（台）
1 周	850	11 周	750	21 周	750
2 周	900	12 周	850	22 周	850
3 周	800	13 周	800	23 周	800
4 周	850	14 周	900	24 周	750
5 周	950	15 周	850	25 周	900
6 周	850	16 周	950	平均	862
7 周	900	17 周	950		
8 周	800	18 周	1 050		
9 周	850	19 周	1 000		
10 周	800	20 周	850		

液晶电视 AKUBIA32 英寸（黑色）平均每周销售 862 台，但因不同时期，从 750 台到 1 050 台不等，销售量不够稳定。

特别是表 3.2 中的 16 周到 19 周，刚好是减价促销期间吧？比其他周的销售量都多。

像这样把时间条件考虑在内的话，实际上能够销售多少台当然是无从知道的，但比如说在减价促销期间扩大销售 15%～20%，类似这样的预测一定是能够做到的。

让我们再次回到猪肉的话题上来吧。我家从下周起暂时不去旅行，而且孩子的表兄弟们也没有来家里玩吃烤肉等的计划，消费量也不会增加的，因此，我认为基本上和上周的消费量是一样的。

但因为平常猪肉的消费量也是从 0 克到 300 克不等，所以单纯以平均每日 171 克来计算 7 天消费量的话，就变成 7 倍了，这样的计算妥当与否是无法进行判断的。

　　也许偶尔有时会连续用猪肉做菜的话，就有可能消费 200 克或 300 克。要是那样的话，订货为 1.2 千克时不会缺货，但却没有肉了。

　　我家的孩子正是长身体的时候，没有肉的话就会招致极大的不满，所以，一定要避开这种情况了。

　　"原来如此。AKUBIA32 英寸（黑色）液晶电视也是一样。扣除降价促销期间的数据，销售量从 750 台到 950 台不等。对我来说，因为不想发生缺货现象，所以，还是想按照预测的每周销售 950 台来决定订货量。

　　真是贝杉社长的风格啊！的确，若按过去每天最大销售数量计算的话，基本上没有缺货的担忧是吧！但是，要是这么做的话，库存增加的可能性就会变大了。

　　实际上为了避免上述问题的发生，有个好方法。那就是"以防万一的库存"（安全库存）。

　　若想完全防止缺货的话，就要像社长那样用过去最大的销售数量来进行计算，但"安全库存"的想法是以 100 次中有 5 次左右，或者 100 次中有 1 次左右，即便是缺货了也可以为前提的，适当地持有多余的库存。这个数量是可以利用统计学来进行计算的。

"说起统计学总觉得很难。因为敝社没有理工科毕业的员工，所以，不管想法有多么方便也还是感到难以理解。"

这个问题您完全不用担心，可能以前确实如此，但现在如果使用电脑的 Excel 就可以了。如果使用 Excel 的话，就可以算出"安全库存"。

让我们来实际计算一下我家猪肉的订货量吧。

前提是 100 次中有 1 次缺货来计算的话，就成为 969 克。

将这个结果用下面的公式试算一下，确定每天预测方式的订货量。

订货量
= 到下次订货的到货日为止的销售（消费）预测量
（从此次订货开始至到货为止的销售（消费）预测量
+ 从此次的到货到下次到货为止的销售（消费）预测量）
– 订货时的库存量
– 上次订货的到货预定量
+ 安全库存

关于订货时的库存量，因为冰箱里剩余的猪肉是可以用的，所以从订货量中减去这部分即可。

还有，上次的订货未到的情况下，在订货量中减去"上次订货未到的数量"即可。

然后，最后再加上安全库存（图 3.1）。

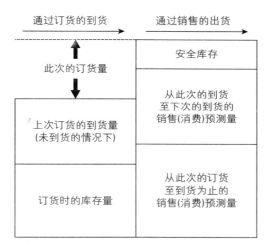

图 3.1　每天预测方式的订货量示意图

在此希望注意的是，预测量所指的是"到**下次**订货的到货日为止"。因为生协每周订一次货，所以，一定要预测到 2 周之后才行。

之所以要预测到 2 周之后，是因为这次订货并到货的商品，需要消费到下次订货的商品到货为止，也就是说未来 2 周所消费的量。

现在冰箱里的猪肉是上周订的货，还有今天到货（或马上送到）的猪肉，这些主要用于这周的消费。然后，下周四冰箱里剩的猪肉和这周订的下周到的猪肉用于下周的消费。还有下下周到货日，即需要消费到下下周的周四为止。

所以，预测的天数是"到下次订货的到货日为止"，若是生协配送的话，就要变为2周之后的消费。

　　"那么，敝社液晶电视AKUBIA32英寸（黑色）的情况下，所说的下次的到货日是指一定要预测2个月之后？预测2个月之后的事情是件极难的工作啊。"

预测2个月之后的销售行情

在刚才订货量的计算公式中，让我们运用过去的数据来进行一下模拟演算吧。首先，猪肉的情况按如下的方式计算。

　　猪肉的订货量 = 1.2千克（从这次订货至到货为止的消费预测量）+1.2千克（从这次到货到下次到货为止的消费预测量）–0.5千克（订货时的库存量）–1.0千克（上次订货的到货预定数量）+0.7千克（安全库存）= 1.6千克

所以，液晶电视AKUBIA32英寸（黑色）也同样可以试着计算一下。比如用每月预测方式的话，13周开始时的订货量将变成

AKUBIA32 英寸（黑色）液晶电视的 13 周开始时的订货量 =862 台 / 周 × 4 周（从这次订货至到货为止的消费预测量）+862 台 / 周 × 4 周（从这次到货到下次到货为止的消费预测量）+400 台（※ 降价促销活动所增加的份额）−426 台（订货时的库存量）−3 500 台（上次订货的到货预定数量）+280 台（安全库存）=3 650 台

"安全库存"是以 10 次中有 1 次缺货为前提条件来计算的，而且针对降价促销活动的对策，与平常相比每周多出了 100 台的预测（表 3.3 和表 3.4）。

于是，便可明白能够减少平均库存量 44%，最大库存量 31% 的吧？

如果减少平均库存量的话，资金积压的天数就能缩短，还贷利息也相应能够减少。

最大库存量是"放置产品所需要的空间"的基准。这个数量能够减少的话，仓储费的削减也是可以期待的（表 3.3，表 3.4，图 3.2）。

表3.3　库存的预测

	平均库存量（5～25 周）	最大库存量（5～25 周）
至今的做法	3 081	4 550
预测方式	1 738（减 44%）	3 126（减 31%）

表3.4 不同方式比较

以前的做法

	到货量	销售量	库存
0 周			1 500
1 周	3 500	850	4 150
2 周		900	3 250
3 周		800	2 450
4 周		850	1 600
5 周	3 500	950	4 150
6 周		850	3 300
7 周		900	2 400
8 周		800	1 600
9 周	3 500	850	4 250
10 周		800	3 450
11 周		750	2 700
12 周		850	1 850
13 周	3 500	800	4 550
14 周		900	3 650
15 周		850	2 800
16 周		950	1 850
17 周	3 500	950	4 400
18 周		1 050	3 350
19 周		1 000	2 350
20 周		850	1 500
21 周	3 500	750	4 250
22 周		850	3 400
23 周		800	2 600
24 周		750	1 850
25 周	3 500	900	4 450

上周因低于了2 000 台，所以和平常一样订3 500 台吧。

每月预测方式

	到货量	销售量	库存
0 周			1 500
1 周	3 500	850	4 150
2 周		900	3 250
3 周		800	2 450
4 周		850	1 600
5 周	2 176	950	2 826
6 周		850	1 976
7 周		900	1 076
8 周		800	276
9 周	3 400	850	2 826
10 周		800	2 026
11 周		750	1 276
12 周		850	426
13 周	3 500	800	3 126
14 周		900	2 226
15 周		850	1 376
16 周		950	426
17 周	3 650	950	3 126
18 周		1 050	2 076
19 周		1 000	1 076
20 周		850	226
21 周	3 500	750	2 976
22 周		850	2 126
23 周		800	1 326
24 周		750	576
25 周	3 450	900	3 126

16～19 周因是降价促销活动期间，所以要比往常多订些货。

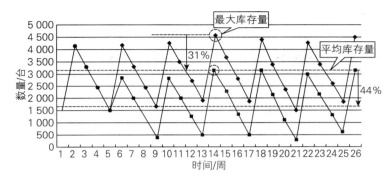

图 3.2　不同方式比较图

留给贝杉社长的作业

　　"只是科学的进行预测，就能减掉这么多的库存吗？怎么突然感觉有点难以置信呢？"

至今为止也可能持有的库存过多了。

奖金商战、新学期开学、调换工作季节等，如果某种程度上能够预测需求量何时增加的话，就可以在减少缺货风险的同时减少库存。

　　目前，模拟演算了 32 英寸黑色液晶电视的例子，其他的诸如白色和红色的也都一样可以算出，所以，请一定亲自实践一下。

　　非常期待你的下次汇报。

尝试一下"看板方式"吧

这次讲解了"预测方式",在畅销排名分析中,特别是对于 A 区来说,是有效的订货方式。首先如果能对这一方法透彻理解的话,我认为其他的方式大概会更能够简单地运用。

只是这其中的"看板方式",虽没有想象的那么复杂,但因基本上是以每天订货为前提条件的方法,所以需要做很多事前的准备工作,在开始前需要投入精力和时间。

那么,今天将就另一个方法,即看板方式进行讲解吧。

关于看板方式,此前曾说过让大家想象一下夹在书里的订购卡的样子了。

从售出的书中取出夹在书中的订购卡,由书店将订购卡送给经销商,经销商再根据订购卡将新书配送到书店。

这种方式是**订货方法的一种,它是基于被称作"丰田生产方式"的"在必要的时间生产必要数量的必要产品","只在必要的时间购买必要数量的必要东西。"**这一理念,主要用于工厂的生产产品、生产产品时所使用的材料或零件的采购上。

"我也听说过看板方式,但这种方法确切地说不是只在生产现场才能使用的吗?"

经常听到这么说，但实际上不是这样的。即使在生产产品以外，使用看板方式的场景很多。比如说，有使用看板方式订购文具的公司。

最近受到不景气的影响，办公室所有的东西都成为经费削减的对象。复印、购书、还有文具。文具相对来说比较便宜，库存较多，我想是因为少了一点就马上订货补足的情况较多。这是使用看板方式，只是以控制必要数量的订货为目的的。

看板方式的重点在于减少订货量。并且如有可能要每天订货。依靠**少而细致的订货，是能够减少多余的库存的**。

前面说过预测方式是以每周 1 次或每月 1 次的频率来进行的，但另外即便是每天订货的话也肯定是没关系的。但若是每天的话，预测明天什么东西能够销售多少就会非常需要投入精力和时间的。

所以，符合下面 5 个条件的情况下，与预测方式相比推荐使用看板方式。

① 平均每天都能售出
② 订货商品在哪里都有销售
③ 可以满足每天只要必要的订货量
④ 可以满足每天订货每天配送
⑤ 从订货至到货的周期短

不一定全部需要满足这些条件。只是，这其中满足的条件越多，就越能体现出看板方式的价值。

若是办公用品的话，是能够看出从①到⑤的条件全部都满足了吧？ YAMAZIMI 商社所经营的商品此种情况，用这种方法订货的话也许会比较困难。

充分理解看板方式的构成是不会有任何损失的。这里，让我们以我家的啤酒为例思考一下吧。

"啤酒的例子，确实符合这个条件。我家的啤酒消费也都满足了从①到⑤的条件。"

贝杉社长回到家后也请一定尝试一下。那么，首先就看板方式做一下简单的介绍。

既然叫"看板方式"，就是使用起到"看板"作用的"面板"，通常会写上如下信息：

• 商品名称　☆ ①
• 购买地点
• 订货至到货为止的天数　☆
• 商品号码
• 平均每枚看板的数量　☆

---

① 为这次的说明附上最低限度的必要信息。——作者注

• *存放地点*

首先是商品名称，购入多种品牌啤酒的情况下，请写上各种品牌的商品名称。

然后是从订货至到货。我家因为都是通过电话向酒类折扣店订货，所以第二天就能送货。

平均每枚看板的数量，在看板方式上，平均每枚的购买量通常都是一样的。即便说都一样，但像下次要解释的"边际方式"那样，一次大概的订货量并不是固定的。在看板方式的情况下，1 次是可以购买 2 枚、3 枚或者复数看板数量的商品。

贝杉社长家里的啤酒是以多少瓶为单位来购买的？

"我家是以 24 瓶 / 箱为单位购买的。每当减少到一定程度后就订货的。"

使用看板方式的情况下，首先要定好平均每枚看板的数量。啤酒的情况下，还是 1 瓶、6 瓶或 24 瓶的比较好。

"6 瓶装的就是 6 瓶 / 箱的家伙吧!"

是的。使用看板方式时，我认为设定事先所确定的规模，做起来会比较容易。

假设将 1 枚看板是 9 瓶，就必须准备 6 瓶 / 箱的 1 箱和散装的 3 瓶。若想严格那样做的话，事实上纸箱就会发生破损。

　　为了避免这一情况的发生，如果是啤酒的情况，平均每枚看板的数量最好是 6 瓶或 24 瓶这样比较规整的数。看板方式的情况下，把这些因素全部考虑在内的话，在管理上就会变得非常轻松。

　　"这次平均每枚看板写上多少瓶比较合适？"

　　平均每枚看板的数量的理想状态是低于每天的消费量最为理想的。也就是说根据每天喝了多少瓶来决定的（表 3.5）。

表3.5　一周啤酒的消费瓶数

周一	周二	周三	周四	周五	周六	周日	平均一天（瓶）
5	6	8	6	5	6	6	6

　　因我家上周一周啤酒的消费瓶数平均每天是 6 瓶，所以每枚看板定为 6 瓶吧。

　　这样就确定好了看板的基本信息。看板上所书写的内容如图 3.3 所示：

```
商品名称　YANGU啤酒　350ml
从订货至到货的天数　　　1天
每枚看板的数量　　　　　6瓶
```

图 3.3　看板上所书写的内容

接下来说说看板方式的规则。看板方式全部有 6 个规则，首先请记住以下 3 项：

①看板必须要贴在啤酒上
②只能买被揭下的看板部分
③看板的枚数逐渐减少

首先，在从折扣店配送来的啤酒上贴上写有前面信息的看板。6 瓶装纸箱的，将看板贴在纸制的地方上。这是第 1 条规则。

然后，在从 6 瓶装纸箱中取出最初的 1 瓶时，将看板揭下来。订货只限于揭下看板之时。这是第 2 条规则。

啤酒上一定是看板处于贴着的状态的原因在于，除了看板的枚数部分以外没有任何的库存。究竟需要几枚看板倒是有计算公式，但立刻减少到那样的枚数则是很困难的。一般通常会从更多的看板枚数开始，然后渐渐减少看板的枚数。这是第 3 条规则。

从啤酒上揭下来的看板，本应是交给配送员的，在到货时让他们贴在啤酒上是最好不过的，但实际上那是无法实现的。所以，配送过来后就自己贴上了（图3.4）。

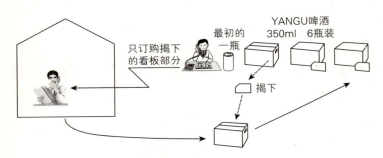

图3.4　以啤酒为例的看板方式订购流程示意图

那么，其次是看板枚数的计算方法。通过它来决定啤酒的库存量。真正的看板枚数的计算公式有点复杂，但这次只做简略版的计算。

看板枚数（简略版）
=（从订货到进货的天数 +1）× 平均 1 天的消费瓶数 ÷ 每枚看板的瓶数

将我家的数字用此公式计算后

（1+1）×6÷6 = 2枚

得出看板的枚数是 2 枚。

用刚才让大家看到的我家 1 周所消费的瓶数来考虑一下这个问题吧（表 3.6）。

表3.6 周消费瓶数统计

周一	周二	周三	周四	周五	周六	周日	平均每天（瓶）
5	6	8	6	5	6	6	6

最初的状态是贴着看板的 6 瓶 / 箱的啤酒 2 箱。

因为第 1 天喝了 5 瓶，揭下看板 1 枚，这时订 6 瓶 / 箱的 1 箱（图 3.5）。

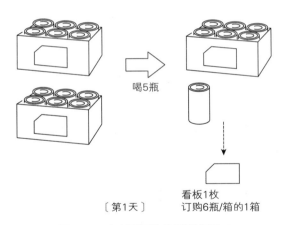

喝5瓶

〔第1天〕

看板1枚
订购6瓶/箱的1箱

图 3.5　以啤酒订购为例的订购 1

第 2 天，前天订购的啤酒到了，于是，啤酒的库存变为贴有看板的 6 瓶 / 箱的啤酒 2 箱和 1 听 350ml 的啤酒，合计 13 瓶。

因这天喝了 6 瓶，所以剩下贴有看板的 6 瓶 / 箱的啤酒 1 箱和 1 听 350ml 的啤酒，合计 7 瓶。和前天一样，揭下了 1 枚看板，所以向折扣店订购了 6 瓶 / 箱的啤酒 1 箱（图 3.7）。

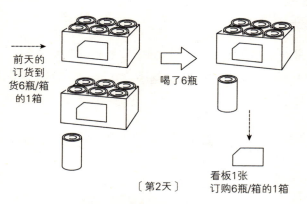

前天的
订货到
货6瓶/箱
的1箱

喝了6瓶

看板1张
订购6瓶/箱的1箱

〔第2天〕

图 3.6　以啤酒为例的订购 2

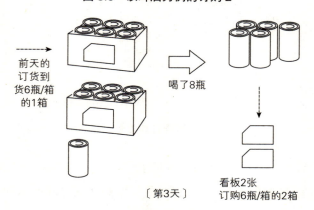

前天的
订货到
货6瓶/箱
的1箱

喝了8瓶

看板2张
订购6瓶/箱的2箱

〔第3天〕

图 3.7　以啤酒为例的订购 3

第 3 天同样，首先是前天订购的到了。这时啤酒的库存是贴有看板的 6 瓶 / 箱的啤酒 2 箱和 1 听 350ml 的啤酒，合计 13 瓶。

这天因喝了 8 瓶，剩余 5 听 350ml 的啤酒，打开了 2 箱 6 瓶 / 箱的啤酒，也就是说揭下了 2 枚看板。所以，还是要订购揭下看板的枚数的 6 瓶 1 箱的啤酒 2 箱。

每天的订货都是以这种形式在不断地重复着。最近，因为折扣店有了配送 1 瓶的店铺。所以，我想试着做下看板 1 枚的订购数在 6 瓶以下的也会很有意思。

像这样每天只购买看板标准的数量，就算是库存再多也能在 1 ～ 2 天内消化掉，所以和每周 1 次或每月 1 次的订货比起来能显著地减少库存。

所使用的订货方法要适材适所

预测方式和看板方式与其他的方法相比需要投入更多的精力和时间，但它却是能够显著减少库存的方法。

- 预测方式
  →预测每次、下次为止的销售行情
- 看板方式
  →实施需具备必要的条件

畅销商品是不可以缺货的，话虽这么说，但也不能拥有大量的库存。为此，我认为即便是投入更多的精力和时间在选择每天预测方式或看板方式上也是十分有意义的。

但是，对于滞销商品来说如果选择这样方法，不仅投入精力和时间而且没有优势可言。而且会陷入不能在本应投入精力和时间在其他畅销商品的订货上分出精力和时间的状况。这一点必须要注意的。

截至目前为止的成果

截至目前的减少目标　　60%→21% ※1

仅做这些的收入目标　　5 000万日元→1 841万日元 ※2

注: ※1　4.8亿日元(32英寸液晶电视的库存金额)×44%≈2.11亿日元
　　　　(200万日元＋2.11亿日元)÷10.24亿日元≈21%

　　※2　上次减少　344万日元
　　　　劳务费减少　30万日元×12个月＝360万日元
　　　　贷款利息减少　2.11亿日元×80%(成本率)×3%(利率)
　　　　≈506万日元
　　　　仓储费减少　424万日元×40%(在仓库放置32英寸液晶电视
　　　　的比率)×31%(变更订货方式节约出来的面积比率)×12个月
　　　　≈631万日元

　　以上合计　344万日元＋360万日元＋506万日元＋631万日元
　　　　　　　＝1841万日元

图 3.8

第 3 讲　汇总

畅销排名分析 "A" 区的订货方式

划分在畅销排名 "A" 区的商品，由于占公司全部销售额的比例高，所以过多持有库存或是发生缺货的情况的影响就很大，因此，对于 "A" 区的商品而言，运用被称为预测方式（定期订货方式）的订货方法比较适用。

用 "预测方式" 进行细致的订货

其他的订货方式是用预先订好的量和固定的公式来计算订货量，而预测方式则是逐一对商品的销售行情进行预测后再决定订货量。预测需要投入精力和时间，但这部分是可以进行细致对应的。

订货量＝到下次订货的到货日为止的销售预测量－订货时的库存量－上次订货的到货预订数量＋安全库存

实践一下 "看板方式"

在已经满足了下述几个条件的情况下是有试一下看板方式的价值的。事先的准备工作很繁琐，但只要是符合条件，这是能让库存削减的效果变大的订货方法。

① 平均每天都能售出
② 订货商品在哪里都有销售
③ 可以满足每天只要必要的订货量
④ 可以满足每天订货每天配送
⑤ 从订货至到货的周期短

第 4 讲
除热销商品外，其他商品不必过于投入精力

迈出崭新的一步

怎么样？32 英寸液晶电视的订货方式全部替换成"预测方式"了吗？

"替换了。不只是黑色的、白色的、红色的也都替换了。替换后不久，因为黑色的订货量由往常的 3 500 台变成了 2 100 多台，所以，负责订货的人很担心，特意地向我问道'社长，没关系吗？'"

如果缺货了，社长也许会大动干戈吧！那么，是如何回答下属的呢？

"我说如果发生缺货的话，由我来负全责，你们只管安心干就是了。"

这句话至关重要。要是对此只说"好好干"等暧昧的话，负责订货的人也就什么都干不了了。再过一些时间新订的商品到货的话，这次的效果就会以数据的形式表示出来吧。请静候佳音吧！

对了，你家的啤酒用看板方式订货了吗？我想这个应会先出效果的。

"做了啊！我家这段期间做了下计算一看，6 瓶/ 箱的看板 2 枚，也就是说有 12 瓶就够了。只是，数了一下放在家里的啤酒库存，24 瓶 / 箱的有 8 箱，合计 192 瓶。暂时先集中消费，看板方式的订货实践就在这之后做吧。"

不仅仅是公司的商品，啤酒也一定要进行库存削减才行是吧。

那么，让我们立即开始今天的授课吧！

健康器具要像购买大米那样

这次就 YAMAZUMI 商社的畅销排名分析 B 区的健康器具用"边际方式"来进行一下实际的计算吧。

请先简单介绍一下 YAMAZUMI 商社的健康器具。健康器具比液晶电视经营的年头更久吧？

"现在液晶电视的销售量也很多，已经成了敝社的主力商品。但原本健康器具也曾经多过。经销商主要是邮购公司。刊载在飞机、新干线上所投放的宣传册或者结婚典礼的赠品目录上。以前做的那些商品的种类也比液晶电视多，销售额虽没有液晶电视那么多，但却能持续地销售，是能够带来稳定利润的商品。"

谈到"边际方式"时，我曾说过请想象下购买大米时的场景。清楚是怎样的场景吗？"

"此前，我询问了一下妻子家里的做法。我家好像是买来大米后全部都移入到塑料容器内进行保管，同时在减少到一定程度后进行订货。妻子说大米常在固定的地方通过邮寄形式来购买。在网上订货后，3 天后就能到货。"

以前无论哪一个家庭都是向米店订货并由他们配送到家的，但最近用超市、互联网、生协等配送的方法都能买到大米了。

与肉和鱼相比，大米消费的时间较长，所以每周肯定不会固定好要购买多少千克，减少到这么多的时候就想订购 1 袋，我想也就是这么一个大致的标准。这种采购方式刚好与"边际方式"的想法一致。

那么，就健康器具而言，用边际方式该怎样订货呢？让我们参照大米的情况看看吧！

科学地决定"减少多少便可订货"

通常购买的大米是 3kg、5kg、10kg 袋装的，但健康

第4讲 除热销商品外，其他商品不必过于投入精力

器具是怎么购买的呢？

> "委托日本国内的厂家进行生产，库存减少到
> 一定程度后，按每种商品所定好的数量订货。畅销
> 商品'肩部按摩器'以4 000个为单位，滞销商品
> 以数百个为单位进行订货。订货5周后就能到货。"

简直就是"边际方式"了。库存虽减少到一定程度，但
明确地"如果减少到这里"就要订货的标准却好像未定。
所以，让我们先准确地确定订购点的标准"边界线"吧。

和上次购买猪肉的例子一样，订购大米时，请想一下
如何来做。

贝杉社长的家每天吃多少米饭呢（表4.1）？

表4.1 一周大米的用量

周一	周二	周三	周四	周五	周六	周日	合计	平均（合）
6	5	6	5	5	4	4	35	5

> "孩子们的盒饭早餐用2合①、晚餐用3合，
> 1天用5合来做饭。昨天问了一下这周大米的消费
> 量，如表4.1中的数字所示。"

---

① 1合等于1/10L。——译者注

原来如此，平均每天用 5 合是吧。每天减少 5 合的话，剩下多少合时订货比较合适呢？

"通过邮购，订货后 3 天就能到货则说明 5 合 / 天 × 3 天，剩余 15 合时订货的话，刚好是大米用完之时，新订的大米到货。噢，虽说是每天 5 合，但少的时候是 4 合，多的时候是 6 合，消费时多时少，所以，平均每天按 5 合来考虑可以吗？"

意识到关键处了。这个也与预测方式一样，把"安全库存"加上来考虑吧！请看 YAMAZUMI 商社的人气商品"肩部按摩器"的数据（表 4.2）。

表4.2　肩部按摩器最近半年的销售业绩

	销售台数（台）		销售台数（台）		销售台数（台）
1 周	400	11 周	250	21 周	300
2 周	450	12 周	500	22 周	600
3 周	600	13 周	250	23 周	350
4 周	300	14 周	550	24 周	450
5 周	600	15 周	300	25 周	350
6 周	400	16 周	350	平均（个）	400
7 周	250	17 周	450		
8 周	450	18 周	400		
9 周	400	19 周	500		
10 周	350	20 周	200		

平均每周的销售量是 400 个，最少时 250 个，最多时

600 个，时多时少。

从订货至到货需要 5 周的时间，得到

400 个 / 周 ×5 周 = 2 000 个

也就是说，库存剩余达到 2 000 个时订货比较合适吗？

　　"啊？但在销售量有波动的情况下，在此基础
上不加上安全库存是不行的对吧？"

的确如此。记得很牢啊！
按社长以前的订货方法，最大的销售量是 600 个的
话，则

600 个 / 周 ×5 周 = 3 000 个

库存变成 3 000 个时肯定就会订货了是吧！

　　"老实说，即便现在也还是没有自信的，刚想
说是 3 000 个呢，但是，不管过了多久库存也不见
减少啊。"

用"边际方式"减少 37% 的库存

在此让我们看看"边际方式"的订货点是如何决定的吧。计算公式如下所示：

> 订货点
> = 从订货至到货的天数 × 平均每天销售量 + 安全库存数

"比上次'预测方式'的计算公式简单啊！"

那么，让我们马上分别计算下刚才说过的社长家的大米和肩部按摩器的订货点看看。

大米的订货点

= 3 天 × 5 合（从订货至到货期间的消费量）+ 3.3 合（安全库存※）

= 15 + 3.3

= 18.3 合

= 2 928g（1 合 = 160g）

注: ※ 为 100 次中 1 次缺货的概率

"原来如此，大概剩余 3kg 时就是边界线啊！回家后，用油性笔在容器上划一道线吧?"

肩部按摩器的订货点

＝400 个 / 周 ×5 周（从订货至到货期间的销售量）

＋601.6（安全库存 1）

≈ 2 601 个

※ 为 100 次中 1 次缺货的概率

"因以前都是在剩余 4 000 个左右时订货，所以，与之相比断食 1 000 个以上后再进行订货。

何谓"断食?"

"担心缺货，但就是忍着不订货。"

那么，就这样算出了订货点。预测方式是计算了订货点（减少到哪里后购买）后就结束了，但边际方式是订货量（购买多少）也需要计算的。

这是最不想在订货量上投入成本来考虑的。与订货量有关的成本有如下 2 种。

•订货时所需要的成本
•保管订货后到货的商品所需要的成本

第一种"订货时所需要的成本"，你认为都有哪些?

"是不是要包括负责订货负责人的劳务费、订货资料等的制作费、电话等的通信费、商品的运输费等?"

　　正是如此。那么，"保管订货后到货的商品所需要的成本"都有哪些呢?

　　"仓储费、仓库的作业员的劳务费等吧?"

　　订货时 1 年间所需要的成本是订货次数越多成本越高，订货次数越少成本就越少。

　　另一方面，**保管时 1 年所需要的成本是汇总后购买量大的保管的成本越高，每次订购量越少则保管成本越少。**

　　在这里希望注意的是，订货量多的话，平均每次的购买量就会变少。也就是说，订货成本增加，但保管成本减少。

　　反之，订货次数少的话，平均每次的购买量就会变多。于是，1 年间的订货成本减少了但保管成本却增加了。

　　像这样，由于订货成本与保管成本二者是相反的，所以，在哪里作为平衡点则是重点。当然，也有计算这个合适的量的计算公式。

　　"要是有这样好的公式的话，请一定告诉我!"

第4讲　除热销商品外，其他商品不必过于投入精力

在这之后一定会按顺序讲，所以先不要着急啊！

首先，为了进行这一计算，必须要准备好下面所有的数据。

- 订货时所需要的成本
- 保管订货后到货的商品所需要的成本

如果没有准备好上面数据的话，就算用公式进行了计算也是得不出妥当的答案的。但需要理解的是无论哪一个成本都是无法得出明确的数据的。最多也就只是给出一个大概的目标值可供参考而已。

在此，请具体地想一下每次订货量。

订购大米时，专卖店另当别论，单就超市等店铺而言，销售的基本上都是以3千克、5千克、10千克为单位的袋装大米。所以，用计算公式得出了7.5千克，但当你刚一说出要买同等重量大米时就会被拒绝。只能够从3千克、5千克和10千克当中来选择。

贝杉社长家的大米订货点是2 928克。若是买3千克袋装大米的话，开袋后立刻就得订货，这种形式就会变得很紧张。若是买5千克袋装大米的话，则用了一半左右时就要订货。

边际方式的情况下，因每次按最初定好的订货量来购买，所以，以易记的数字或预先准备好的包装尺寸为标准

来决定订货量的情况较多。

像大米袋那样有多种包装尺寸时，有关不同的尺寸、何时订货最好是从商品的销售数量上，通过模拟计算后再做决定。

那么，以此想法为基础，肩部按摩器的订货量多少为好呢？

"订购肩部按摩器时，因1枚搬运用的托盘可放置40台，所以我想只要是40的倍数就可以。平均每周的销售数量是400台，要是4 000台的话，就是大致10周的数量，也许可能有点多，但这次暂时按现状的4 000台来做下看看如何？"

明白了。那么，肩部按摩器的订货点是2 601个，订货量按4 000个来模拟下，并和以前的做法进行一个比较吧（表4.3和图4.1）。

第 4 讲　除热销商品外，其他商品不必过于投入精力

表 4.3　模拟订货表

以前的做法

	到货量	销售量	库存
0 周			4 000
1 周		400	3 600
2 周		450	3 150
3 周		600	2 550
4 周		300	2 250
5 周		600	1 650
6 周	(4 000)	400	5 250
7 周		250	5 000
8 周		450	4 550
9 周		400	4 150
10 周		350	3 800
11 周		250	3 550
12 周		500	3 050
13 周		250	2 800
14 周		550	2 250
15 周		300	1 950
16 周	(4 000)	350	5 000
17 周		450	5 150
18 周		400	4 750
19 周		500	4 250
20 周		200	4 050
21 周		300	3 750
22 周		600	3 150
23 周		350	2 900
24 周		450	2 350
25 周		350	2 000

上周变成 4 000 个了，订货吧

每月预测方式

	到货量	销售量	库存
0 周			4 000
1 周		400	3 600
2 周		450	3 150
3 周		600	2 550
4 周		300	2 250
5 周		600	1 650
6 周		400	1 250
7 周		250	1 000
8 周		450	550
9 周	(4 000)	400	4 150
10 周		350	3 800
11 周		250	3 550
12 周		600	3 050
13 周		250	2 800
14 周		550	2 250
15 周		300	1 960
16 周		350	1 600
17 周		450	1 150
18 周		400	750
19 周		500	250
20 周	(4 000)	200	460
21 周		300	3 750
22 周		600	3 150
23 周		350	2 900
24 周		450	2 350
25 周		350	2 000

上周变成 4 000 个了，订货吧

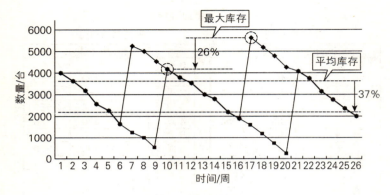

图 4.1　模拟订货图

这样，我们知道能减少平均库存量的 37%，最大库存量的 26%（表 4.4）。

表4.4　订货与库存

	平均库存 （5～25 周）	最大库存 （5～25 周）
以前的做法	3 612	5 600
边际方式 （1% 安全库存）	2 279 （减少 37%）	4 150 减少 26%）

像上次的预测方式那样，因减少了平均库存而使资金休眠的天数变少了，进而也就能减少贷款利息。而且，因减少了最大库存，也就减少了仓库所需要的空间，就有可能减少仓储费。

还有更简单的方法吗？

液晶电视之后健康器具也减少了 37%，虽说是一点点，但却逐渐看到了目标了对吧！

"液晶电视只是有 3 种所以比较容易对应，但健康器具有 10 种以上，所以，还是有点担心。"

"边际方式"是库存每到低于预先订好的订货点时订购所定好的数量即可，所以，我认为比"预测方式"要简单很多。

此外还有一个比这更简单的方法，就健康器具的部分商品我觉得可以试着用此方法做下。

"实际上，在健康器具的阵容当中，尚未列举的零碎商品还有几个。"

那到底是什么商品呢？

"邮购作为赠品的抓耙子啦，竹制足底按摩器啦那样的商品。"

原来如此。与液晶电视和健康器具相比，不但形状小巧而且价格也很便宜，所以汇总后大量地购买着对吧！

"对。所以想尽可能地节省时间。"

这样说的话，利用畅销排名分析中的 C 区，我认为"两箱方式"比较好。"两箱方式"与"烟鬼"爸爸集中购买香烟的方法一样，但贝杉社长您吸烟吗？

"考虑到健康的问题，很早以前就戒了。以前可真是个严重的老烟鬼呀。"

除此之外，最近集中购买什么东西了吗？

"最近我家是健康至上，饮食生活主要是以蔬菜为主，只喝矿泉水。因此我家是成批购买着 2 升的塑料瓶装水呢。"

是怎样购买的呢？

"购买时，通过电话向折扣店订购 2 升的瓶装水 6 瓶装的纸箱 1 箱。和先生的啤酒一样，订货后第二天就到货了。如妻子所说，作为紧急用水，好似最低也得经常备用 1 箱。作为饮用水是不是2～3 天喝一瓶的频率？所以有 6 瓶的话我想就能够维持 2 周左右。"

原来如此，我知道了。社长家的矿泉水看起来用两箱方式也比较好啊！

这样的方法是首先准备好两个同样大小的容器并决定好放入的数量。购入后，两个容器内都要放入所定好的数量并呈现没有余地的状态。然后，从一个容器里按顺序使用，一个容器用完时，按定好的数量订货（图 4.2）。

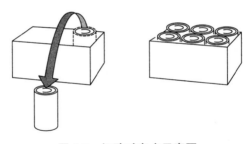

图 4.2　订购矿泉水示意图

因矿泉水是 6 瓶装入 1 个纸箱内，所以，让试想把它当做一个容器来考虑吧。

- 首先，准备好 2 个 6 瓶装容器。
- 从 1 个容器开始按顺序饮用。
- 喝完 6 瓶装容器中的最后 1 瓶后，(1 个容器用完时) 向折扣店订购 6 瓶装容器 1 个。

两箱方式更适用于便宜商品。所以，平均每个容器内的数量多设定一些会比较好。如果过少的话，就会引起缺货麻烦。

"说起'两箱方式'，与上次授课中所听到的'看板方式'是否很相像？是否感觉看板只是变成了容器？老师家的啤酒在试着用看板方式做时，也是在每个 6 瓶装的纸箱上贴上 1 枚看板的是吧！"

确实如此。两箱方式与看板方式有很相似的地方。**但是，订货的时机是不同的。**

看板方式是在使用最初的一个后，揭下看板并订货的。而两箱方式的情况下，是用完最后的一个，容器变空时订货（图 4.3）。

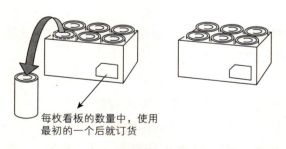

每枚看板的数量中，使用最初的一个后就订货

图 4.3　看板方式订货示意图

第 4 讲 除热销商品外，其他商品不必过于投入精力

原因在于，两箱方式是由于要消费掉容器内的量需要从数周到 1 个月或者更多时间的情况较多。

所以，根据以最初的 1 个来订货，还是以最后 1 个来订货，库存量的差别会是很大的。如果假设即使其中的 1 个容器变空了，另外 1 个容器也还有数周到 1 个月的量，所以也就是说订购的商品在到货之前都是很充足的。

看板方式的情况下是将平均每枚看板的数量尽可能地设定少些，而且在尽可能地少设定看板的枚数后，用极限的库存来做的方法。所以，在用了最初的 1 个之后马上要揭下看板立即订货。

当然，两箱方式与看板方式也有共同点。那就是虽然不需要下意识地去核查库存，但容器或者看板也能够自动通知订货的时机。

边际方式是每当销售（消费）时都需要确认库存是否在订货点之下。预测方式也是一样，虽说是定期，可是有必要确认库存量。

但是，对于两箱方式和看板方式来说就算是无意识去核查库存有多少的话，只要看到容器空了，看板被揭下来时订货就可以。说它简单的理由就在于此。

那么，最后再稍微解释一下特殊的订货方式。

到现在为止所解释过的订货方式中，所购买的部分是作为库存被管理着，所使用的部分从库存中减了出去。这个库存量在出货时定期对时机进行核查，我想是根据这个

结果来进行订货的。

接下来所要介绍的方法是最初购买时不确认库存，而在最初使用后，然后只购买所使用部分的方法。这就是"富山药品销售方式"、"预托库存方式"、"VMI(Vender Managed Inventory) 方式"等，它有多种的叫法。

持续 300 年的商业模式

知道"富山药品销售"这一典故吗？实际上，它是在日本 300 年前就开始使用的商业买卖方式。以前不像现在这样，如果附近没有医生的话，也就没有药店。可是，为防止生病或者受伤，在自家会放置一些药品的。

药品虽然放在家中，但却并不属于各个家庭的。说到底是药店的商品，只是各个家庭在生病或者受伤之时可以自由地使用药品。然后，药店在半年 1 次左右的巡查时，只需支付所使用了那部分的药费，而且会给补充上同样数量的药品。

将这种方式称作日**后支付方式 (预托库存方式)**（图 4.4 ）。

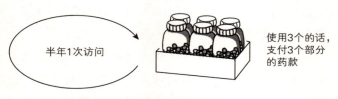

半年1次访问

使用3个的话，支付3个部分的药款

图 4.4　药品订购示意图

第4讲　除热销商品外，其他商品不必过于投入精力

以前的药品因不像现在这样频繁地推出新产品，所以即使不太使用的同样产品到了第二年再用的话，也是不会有什么障碍的。

即使现在也还仍然有在用富山药品销售方式销售药品的地方，但已少了很多。只是，现在这种方式被广泛用于零配件厂家和工厂、厂家和批发商、批发商和零售商之间（书店和百货店等）等。

这种方式看似对存放一方有利，但并不能单纯地断定就是这样的。比如说就有如下不利之处：

（1）存放的东西需要作为实物来进行管理

　　因为是存放他人的东西，所以理所当然就需要安排人来进行实物管理。而且无论从哪方面来说想存放的东西过多，库存随之变多，所增加的部分也就需要更多的管理人员。

（2）会产生交易责任的事情

　　基本上是可以退货的，但并非全部。举例来说，如果是很多地方都经营的商品，因可以在其他的店铺销售，所以是认可退货的。但不是这种情况下的商品，不能退货的情况是较多的。

（3）有时会变得对业者惟命是从

　　如果中小的零售业依赖这种方法的话，就会有必须按批发商所说的来做的情况发生。那么，所希望的商品就无法进货或者实现一味地被迫接受业者想要销售的商品的情况。

甜言蜜语的背后一定会有陷阱。要尽可能地由自己来选择商品，并且预测销售量、进行库存核查，即使是多少

会投入些精力和时间，但把库存控制在最低限度的方法，从结果上来看我认为是最好的。

留给贝杉社长的作业

那么，留下下次授课前的作业。这次也同上次液晶电视机的做法一样，健康器具也按"减少到哪里"、"购买多少"这样的基准来试着计算一下。

刚才也说过了，针对需要长时间，一点一点销售的零碎的商品而言，我认为可尝试研究一下两箱方式是否可行。

截至目前为止的成果
截至目前的减少目标　　60%→30%[※1]
仅做这些的收入目标　　5 000 万日元→2 375 万日元[※2]

注：[※1]　2.44 亿日元（健康器具库存金额）×37%≈0.9 亿日元
　　　　0.9 亿日元÷10.24 亿日元≈9%
　　　　21%（上次的削减率）+ 9%=30%

　　[※2]　上次减少 1 841 万日元
　　　　贷款利息减少 0.9 亿日元×80%（原价率）×3%（利率）
　　　　≈216 万日元
　　　　仓储费减少 424 万日元×24%（在仓库放置健康器具的比例）
　　　　×26%（因变更订货方式节约出来的空间比例）
　　　　×12 个月≈318 万日元
　　　　以上合计 1 841 万日元 +216 万日元 +318 万日元 =2 375 万日元

第 4 讲　汇总

畅销排名分析中"B"区的订货方式

畅销排名分析的"B"区，因对公司整体的销售额而言销售额的比例没有那么高，所以尽量倾向于用不需要投入精力和时间的方法进行订货。因此，对"B"区商品的订货，采用称为边际方式（发注点方式）这一方法。

用"边际方式"这样不需要投入精力和时间的方法订货

边际方式是库存减少到了预先订好的量（边际）时，因按预先订好的订货量订货，所以无须投入精力和时间便可订货。

订货点 = 订货至到货的天数 × 平均每天销售量 + 安全库存

畅销排名分析中"C"区的订货方式

畅销排名分析中的"C"区，无论是因占公司整体的销售额的比例，还是影响力都很低，所以，更是无须投入精力和时间来订货。对于"C"区的商品，两箱方式（两瓶方式）比较适合。

用"两箱方式"简单地进行订货

两箱方式是在预先准备好的 2 个箱子中，其中 1 个变成空箱的时候，订购所规定数量的方法。只要单从箱子是否变空就能够判断订货的时机，这是个非常简单的订货方式。

第 5 讲

抵御风险的库存削减方法

缺货骚动

铃——铃——铃

"老师，老师，缺货了！怎么办呢？"

社长，请安静。到底发生了什么事？

"在开始使用了边际方式的健康器具之中，瘦臀器发生了缺货。可至今为止从未出现过缺货啊！怎么办好呢？订货方式要不暂且还恢复到以前如何？先生，现在能马上见个面吗？"

其他的产品怎么样了？除此之外有没有其他商品出现缺货？

"到现在为止还没有，但据仓储公司的工作人员说，因库存不断减少，所以，今后，其他的商品可能也会出现缺货。不止是1件，要是有几件缺货，好不容易建立起来的信赖关系就会土崩瓦解的。现在好不容易接到顾客订单的节骨眼上，却被泼了冷水。"

是否清楚是什么原因引起的缺货？

　　"哎呀，还没弄清楚。但或许会不会是由于变换了新的订货方式造成的呢？"

社长现在您在哪儿？

　　"在总社的办公室"

现在去仓库。社长也能马上来吗？

　　"好的，我也过去。"

　　那么 1 小时后我们仓库见吧！到时候请把缺货的瘦臀器的销售与进货、还有库存的原始数据打印出来后带来。拜托了！

　　"明白了。"

为什么会发生缺货？

　　（YAMAZUMI 商社仓库）
哎呀，尽管那样，库存真是干净利索多了啊！从变换了新的订货方式到出现效果，休讲了一段时间，但却明显感觉到了变化。

"非常感谢！只要不出现缺货，就有信心拜见老师，可是……"

现在库存减少了多少了？

"液晶电视减少了 30%，健康器具减少了 20% 左右。"

进展的很顺利啊！仓库和以前相比，看样子腾出了很多空间啊。那么，出现缺货问题的商品，放在哪儿了？

"因把健康器具集中放在了这个区，所以我想是这里了。让我们去问问仓储公司的工作人员吧。"

仓储公司的工作人员
"健康器具是放在这里。到货时，因每次都是放在空的地方，所以，有时会分别放在几个不同的地方。"

没有看到瘦臀器吗？

"没有看到啊。果然像是缺货了。"

不吻合的两组数据

社长，拜托您的数据带来了吗？

"是的，好像是这个。"（表 5.1）

表5.1 库存数据

	库存（个）
−16 周	1 100
−15 周	1 000
−14 周	870
−13 周	750
−12 周	630
−11 周	500
−10 周	370
−9 周	1 260
−8 周	1 140
−7 周	1 000
−6 周	880
−5 周	740
−4 周	620
−3 周	490
−2 周	390
−1 周	280
本周	160

嗯？好奇怪啊！缺货的话库存应该是零才对，可电脑上显示的数据却还是 160 个。

113

"是这样的，到底消失到哪里去了呢?"

仓储公司的工作人员

"请过来看下这个，在仓库所记录的库存台账上写着瘦臀器的库存是零。"（表5.2）

表5.2　库存数据

	库存（个）
−16 周	1 100
−15 周	800
−14 周	670
−13 周	500
−12 周	430
−11 周	300
−10 周	170
−9 周	1 060
−8 周	940
−7 周	800
−6 周	680
−5 周	540
−4 周	420
−3 周	290
−2 周	190
−1 周	80
本周	0

"啊！这到底是怎么回事?"

仓库也记录了库存的数据吗?

仓储公司的工作人员

　　"一年1次盘点存货时，电脑上的库存数据与实际现场的数据经常发生不吻合的情况。"根据客户的不同，仓储公司会发生单方面被追责的情况。所以从那以后，我们自己也就开始做库存的数据记录了。"

仓库的到货和出货信息是如何输入到 YAMAZUMI 商社的电脑里的?

仓储公司的工作人员

　　"仓库里没有放置库存管理用的电脑。所以，每天出了什么货，出了多少货是根据总社每天传真发来的指示表来做决定的。然后，每天的出货信息及入货信息汇总后在当天发传真给 YAMAZUMI 商社。由 YAMAZUMI 商社的工作人员将这些数据输入到电脑里。"

　　"整体而言，为什么数据会不吻合呢? 先生，这到底是什么问题啊?"

是啊! 首先请将这两组数据做下比较吧（表 5.3）。库存量一直不吻合啊，是不是仓库发生了什么问题?

仓储公司的工作人员

"啊！这么说的话，在这之前发生了漏水引起了骚动（表5.3）。"

表5.3　库存数据

YAMAZUMI商社的数据

	到货量	销售量	库存
−16 周		100	1 100
−15 周		100	1 000
−14 周		120	800
−13 周		120	750
−12 周		120	650
−11 周		130	500
−10 周		130	350
−9 周	1 000	110	1 250
−8 周		120	1 140
−7 周		100	1 000
−6 周		120	880
−5 周		140	740
−4 周		120	620
−3 周		130	490
−2 周		100	380
−1 周		110	280
今		120	160?

发生不一致！

仓储公司的备份

	到货量	销售量	库存
−16 周		100	1 100
−15 周		300	800
−14 周		130	670
−13 周		120	550
−12 周		120	430
−11 周		130	300
−10 周		130	170
−9 周	1 000	110	1 000
−8 周		120	940
−7 周		140	800
−6 周		120	680
−5 周		140	540
−4 周		120	420
−3 周		130	290
−2 周		100	190
−1 周		110	80
今		80	0

本周即使出货120个也应该不会有问题的，可仓库里却没有商品！

开始使用边际方式。要是在以前，这就是订货的标准，但从这次开始库存不低于700个的话则不订货。

因前天结束时库存只剩下80个，所以只能销售80个。

"漏水骚动 ?"

仓储公司的工作人员

"大概在 4 个月前，天花板漏水，刚好淋湿了放在下面的商品的外箱。大概有 200 个左右吧。马上给 YAMAZUMI 商社的工作人员去了电话并进行了处理。同时为避免误将这 200 个出货，我们暂且把它们挪放到仓库别的地方了。"

"4 个月前刚好是健康器具的新产品刚刚销售不久，总社忙得不可开交之际。虽然告诉了仓库的工作人员别误将这 200 个出货，但这之后也许没做过处理吧。"

也就是说，本应在健康器具的库存中减去这 200 个，可却就这么原封不动地放那里了。的确也是，在 15 周前的时点上，电脑的数据上显示出了 100 个出货，但仓库台账记录上是出货 300 个。YAMAZUMI 商社本周的库存数据是 1 000 个，但正常的状态应该是只剩下 800 个。

"但 4 个月的时间里，也没注意到是吧!"

初次来仓库时到处都摆满了各种东西。现在仓库也变得干净利索多了，当时那种状态下全然不知什么东西放在了哪里，即便是来到仓库，对实际的库存也是茫然一片吧！

那样就只能信任电脑里的数据，库存数据与实际数据即便发生了不吻合，直到一年1度盘点时才能知道。

"但为什么至今没发生过缺货现象呢？"

请看下下面的数据（表5.4）。

表5.4　库存数据

	库存（个）
−16 周	1 100
−15 周	1 000
−14 周	870
−13 周	750
−12 周	630
−11 周	500
−10 周	370
−9 周	1 260
−8 周	1 140
−7 周	1 000
−6 周	880
−5 周	740
−4 周	620
−3 周	490
−2 周	390
−1 周	280
本周	160

希望大家看一下库存的变化。至今库存最少的时候是多少个？

　　"是 10 周前时的 370 个。啊，只减少到 370
个，说明这其中的 200 个实际上就算没有了也不会
有什么影响的。"

　　如果库存少于 200 个的话，也许就会更早一些察觉
了，但……

　　"原因在于，是台账上的库存量与实际的库存
量没有吻合。因漏水浸湿而不能销售的商品在库存
中未被减去，所以才会引起缺货。"

　　经常说"库存隐藏着问题"，这次的情况也是如此的
吧。即使有了问题，因一旦持有堆积如山的库存，首先就
会想到如何回避，因此，问题就会被隐藏起来。伴随着库
存的减少，发现了问题，从结果上来看是好的。

库存异常！？

　　我认为除了此次的情况以外，电脑里的库存与实际库
存不吻合的情况还有很多。你认为都有什么呢？

　　"被盗和丢失也是吧！如果谁随便拿走的话，
数据就会出现偏差。其次，像脏污、破损，一旦想

卖出时却无法卖掉，就成了与数据不吻合的原因。"

脏污、破损的商品，如果看下商品就能明白。若是店铺的商品，因马上能知道所以立刻能在台账或电脑的数据上进行修改。

但若是仓库的商品，不去仓库就不知道，要是放在仓库的最里面或者没有认真地进行清理、整顿的话，还真的是很难发现的。

被盗、丢失、脏污、破损等，即便是成为了无法使用的商品，将它们认真地记录下来并在库存中减掉的话，就不会有数据偏差。反之，即便不发生这样的问题，有时也会发生数据偏差。

"嗯？那是什么问题呢？"

这次因漏水而发生了商品无法作为销售对象进行销售。发生事故时仓储公司的工作人员及时地与 YAMAZUMI 商社取得了联系，这时要是马上在电脑上输入信息就好了，但因适逢健康器具新产品的上市期间，总社也是混乱不已，结果是信息没有被输入。

也就是说，**漏水最多也就是个契机而已，忘记了输入信息才是真正的原因**。就算没有漏水事故，每天仓库的到货、出货信息如果不认真输入的话，数据就会发生错误。

还有，就算输入进去了但信息是错误的话，数据当然就会异常。

何种原因造成库存异常

在此，就造成电脑里的库存与实际库存数据不吻合的原因整理如下：

- 库存的劣化•丢失
- 库存数据的填写•输入被遗忘
- 库存数据的填写•输入错误
- 库存数据的填写•输入滞后

库存的恶化是指库存保管时间过长，过了保质期和消费期限，导致商品不能使用，或者因受摔落等外部冲击，致使其不能作为商品销售。还有，库存的丢失是因被盗或其他原因而导致物理上的消失。

库存数据的填写、输入有可能被遗忘在下面的过程中。

YAMAZUMI 商社的情况是让仓储公司的工作人员记录每天的库存状况，在傍晚将每天的库存记录发传真给YAMAZUMI 商社总社。库存记录由总社的工作人员输入到电脑里。像这样**输入数据，花费时间长，经过多个相关**

人员的传递后，极有可能中途不知在哪什么地方发生数据遗漏。

特别要注意的是发生了平常不经常发生的事情时，比如说出货作业中由于商品摔落而造成破损该如何处理？如不严格制定处理方法的话，即便是做了商品自身的处理，该商品却没有反映在库存的数据上，这样的事也不是不可能发生的。

库存数据的填写、输入错误，主要是由数字的书写错误或读取引起的。明明指示仓库出货 5 个，可结果却出了 6 个，但报告说是出了 5 个。明明到货 11 个，报告却说进了 10 个。此外还有读错报告的内容和输入错误的。

库存数据的填写、输入滞后是将本该当天傍晚输入的数据拖延到第二天，与在电脑上所反映出来的数据产生了时间差。

构筑库存削减的基础

正是因为平常完全的信赖才使用着这些数据，所以就决不允许数据异常。为杜绝数据异常的发生，所应该做的正如下面所解释的 3 个重点。

- 运用规则的明确化
- 活用 IT 技术

•彻底进行整顿

运用规则的明确化中理所当然要做的事就要严格制定规则并坚决执行。比如说商品的出货要实施怎样的工作流程，不是默许的规则而是要明文规定下来的。

是这样做的吗？

"不是，完全是交给现场来做的。"

当正常工作中发生了不经常发生的事情时，工作的推进方法是要共同制定明确的目标（图 5.1）。

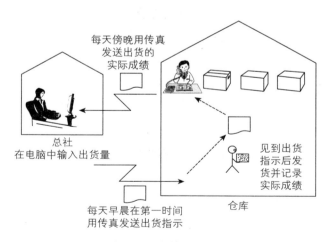

图 5.1　实际工作中的库存管理示意图

其次是有效地利用 IT 技术，现在 YAMAZUMI 商社的情况，因在仓库的现场不能将信息输入库存管理的电脑，所以，暂由仓库的工作人员做记录，然后再由 YAMAZUMI 商社的工作人员将记录输入到电脑里。这样一来，因信息在输入前有多人介入，所以，发生遗漏和错误的可能性就会变大。

所以，一个是要在仓库直接输入信息，另外一个即便是在仓库的现场，在商品的出入库时也要立刻输入信息。

前者如果在仓库配置电脑的话就能做到，后者如果使用在快餐店被广泛利用的便携式客户端，则会非常便利的。这样的话就会消除因输入滞后而引起的数据不吻合。

关于整顿，贝杉社长已经做了几项整顿，但仍然还有很多没有整顿。这次请按如下所列举的事项做下看看吧。

•指定的物品放在指定的地方
•尽量做到先入先出

现在的仓库是液晶电视放在这个区域，健康器具放在那个区域的摆放形式。那么，液晶电视总共有多少，健康器具有多少是知道的，但被更为细致分类的商品各自有多少却不易看到。这是因为没有明确"何物放置在何处"的问题。

所以，要详细地确定每一个商品的放置区域，而且请一定要摆放在那里。当然，放置时事先若不知道需要多大空间的话，就可能会摆放不下。关于这点，因上次用边际方式决定订货点和订货量，所以请有效利用这一数据后再做决定。

单就所指定的物品放在所指定的地方，用眼一看就能够把握大概有多少的。使其实现所谓的"可视化"。

因健康器具中一定也有体积小的商品，所以，不是单纯地把它们堆放在托盘上，而是请尝试一下有效地利用货架的方式。

接下来的是"先入先出"，即如文字所示从旧货开始按顺序使用。这个非常难。出货时，要一个一个地确认保质期，要是旧货可以出货的话还好，但若是 1 天之内有太多出入货的话，就很难做得彻底。

有个很好的点子，知道便利店放置饮料的带有玻璃门的货柜吗？那个货柜一定只能从最前面一个一个地拿，但因其倾斜的，所以拿了一个之后，商品就会从后面滑向前面。因为商品能够从货柜的后面放入，所以总是能够先入先出。

能够先入先出的话，一定是得从旧的开始使用。那么，超过消费期限的就会变少，就会避免台账与实际库存之间的出入。

　　"原来如此，我明白了。关于运用规则的明确化、活用 IT 技术、彻底的进行整顿，我们马上研究，从切实可行的地方开始实践。关于整顿，听了现在的这些介绍，我重新认识到了不只是仓库，家中的橱柜也必须要进行整理才行（图 5.2）。"

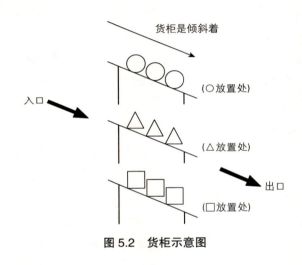

图 5.2　货柜示意图

……这是怎么回事？

"家中的厨房里的橱柜，简直是什么东西放在哪里真的是全然不知。前几天想要做大阪烧，以为肯定会有樱虾，可哪里都没有找到。没办法就到附近的超市买了回来。可过了没几天，肯定是没有的樱虾却找出来了 3 袋，现在家中橱柜里的樱虾是处

126

于过剩的状态。又加上不断地往橱柜里塞东西，不
知不觉地就用了新的。家中的橱柜也要进行整理，
必须重新把旧的东西放在最前面，新的东西放在最
里面才行。"

结合实际情况重新调整标准

像液晶电视的奖金商战那样，健康器具的销售量好像
不会有大幅度的变化，是那样吗？

"与新的邮购公司签约时，销售额确实能大幅
度地上升。此外，宣传彩页的散发份数增加时销售
额也能增加。"

最近有没有与新的邮购公司开始交易的意向？

"没有，但现在交易中的邮购公司好像增加了
宣传彩页的散发，所以，到时候销售额肯定会全面
增加的。"

什么时候开始？大概能增加多少？

"在这之后的 2 ~ 3 个月后，因为比现在增加

了 20% 左右的份数，所以，我想销售额也会成比例的增加。20% 左右的话，还要有安全库存，特别是订货点是不是就不必要做修改了呢？"

让我们实际地利用上次的肩部按摩器的数据（参考表4.2）做下模拟演算吧。

让销售额整体增加 20% 来计算的话，中途就会发生缺货。将销售额上涨部分重新计算的话，订货点不是 2 601 而是 3 121。

$$2\ 601 \times 120\% \approx 3\ 121 \text{ 个}$$

也就是说必须比平常要再提前 1 周订货才行。

"原来如此。不管是哪一种订货方式，销售行情发生变化的话，那时就必须要进行修改。"

不安将增加库存

在第 3 讲、第 4 讲的授课中所解释的订货方式，在重新修改库存与到货的情况下，是利用销售额的数据来进行计算的。这么说来，如果数据不正确的话，当然会发生所要求的订货量出错和错过订货的时机。其结果就会引起缺货或者库存过多。

　　若是那样的话，就会招致来自周围的抱怨。特别是对于营业来说，没有库存就无法买卖。也许可能会招来"库存削减还好，但要是缺货的话可就什么都开始不了了。所以，绝对不允许出现缺货！"的狂吼。

　　要是变成那样情况的话，你认为负责订货的人会采取怎样的方式来应对？

　　……估计要是采用边际方式的话，想使订货点更充裕一些，而且肯定还会考虑增加安全库存。

订货点 =（从订货到进货的天数）×
　　　　（平均销售量）+ 安全库存

　　预测方式的情况也是一样，计算订货量时因要增加安全库存，所以，订货量就会变得过多。

　　变成这样其结果是从开始前就存在着库存变多的危险性。

　　库存的存放地方经过清理、整顿，如果在现场能够凭直觉判断或多或少的话，是当场就能做修改的，但要是依赖于台账或电脑的话，不知不觉中就会变成庞大的库存，这种情况极有可能会发生的。

留给贝杉社长的作业

那么，讲下这次的作业。为了让 YAMAZUMI 商社的库存数据正确，具体研究下面的事项，从切实可行的地方开始，至少也请尝试着做一个。

- 运用规则的明确化
- 活用 IT 技术
- 彻底进行整顿

我想以前就已对整顿进行了讲解，但再进一步，即使在现场只是看的话，也请尝试着让自己处于对库存了如指掌的状态。因液晶电视尺寸大且数量也多，所以，首先先从体积小且数量相对较少的健康器具开始尝试比较好。

"明白了。试下看看。"

还有，请不要忘记清理自家柜橱。不是交给妻子，而是从自身开始实践，这是非常重要的。

截至目前为止的成果	
截至目前的减少目标 （与上次一样）	60%→30%
仅做这些的收入目标 （与上次一样）	5 000 万日元→2 375 万日元

第5讲　汇总

掌握正确数据至关重要

对每个订货方式的顺利运用来说，掌握正确的数据非常重要。如果把到货量与销售量颠倒记录的话，库存就会发生异常。库存异常的话，仓库里的库存与电脑及台账的库存就会出现不吻合。那么，就会出现"在数据上虽然有库存，但仓库里却没有库存，呈缺货的状态"这样的问题。

正确掌握库存数据的要点

通常要想正确把握库存数据，必须要注意以下事项。

- 出入仓库的商品记录要没有遗漏的反应在电脑及台账上，要事先决定操作顺序。
- 发生的数据要尽可能地及时记录，要活用 IT 技术。
- 电脑与台账的库存发生不吻合，要立刻搞清楚，仓库要常常保持整顿的状态。

重新修正订货点及安全库存

边际方式的订货点和安全库存量要以过去的每天平均销售量为依据事先定好。如果平均销售量发生变化时，如果不重新修正的话就会引起缺货或库存过多。

第 6 讲
重新考虑"理所当然"的进货条件

记录减肥

"实际上最近开始减肥了。"

因仓库的库存削减很顺利,所以,这次是您自身的库存削减吗?究竟是如何开始减肥的?

"听说过记录减肥吗?就是把自己吃的东西全部记录下来。然后,每天走了多少步,做了些什么运动等也全都记录下来。"

用这个方法能够瘦下来吗?

"通过了解自己饮食生活的实际状态,来潜移默化的改变自己的饮食生活。不缺、不漏的记录很难,但最近确实感觉到有点瘦下来了。"

原来如此。这么说还真感到比以前爽快了些呢。实际尝试后,意识到什么了?

"本打算了解一下自己,但尝试下全部记录后,意外地注意到了本不知道的事情。真的是很意外。1日3餐膳食没有规律,油腻食品过多,夜宵过多,吃的全是高热量的食品——这些东西都是可以具体地看到的。所以，首先开始注意让自己的饮食生活有规律了。"

听您这么一说，我也跃跃欲试了。

　　"之前我也许说过了，最近的饮食生活已开始从以肉类为中心转换成以蔬菜为中心了。从现在开始，要是再能显现出效果就更好了。"

继续加油啊！

今天的授课并不是要讲贝杉社长的减肥之事，但我想就如何做才能使"库存减之再减"进行讲解。

来自上次作业的汇报

拜托先请汇报一下上次作业的情况。

　　"为了掌握到货与销售的正确数据，做了如下决定。"

1. 制定运用的规则和相关人员的教育

制定订货业务、仓库业务等与库存有关的工作规则，并对相关工作人员进行了培训。关于仓库业务，再次对信息由谁、如何记录、何时、如何汇报给总社进行了确认，并告诉大家一定要彻底执行。针对发生问题时，来自顾客的退货等应该采取何种应对方法也制定了规则。

订货业务也是一样，在重新考虑安全库存、订货点、订货量的情况下，由谁、在什么时机操作也做了明文规定。

2. 活用 IT 技术

现在的做法是对仓库里商品的出入暂时在仓库进行记录，之后把结果用传真发给总社，在总社将结果输入到计算机时仓库也已做了能马上输入数据的准备。因计算机的准备等需要些时间，所以，预计 1 个月后开始使用，同时也制定了在仓库输入数据的运用规则。

3. 整顿的实施

前天参观了正在进行现场改善的工厂，看到各个制成的商品都准确地放在所指定场所的情形，对先生所说的话有了更深的理解。确实在经过整顿后，一眼就能明白大致的数量。还有，刚好也用上了手工制作的、和便利店一样的"先入货先出货"的货柜构造，所以，我们公司也在学着做。

好极了！这次的内容虽然和库存削减、成本削减没有直接的联系，但对进一步库存削减，是非常重要的环境整顿。请务必准确地完成。

更进一步削减库存的关键在哪里？

到此为止的授课中一直在讲为了达到削减库存的目的，不是根据迄今为止的直觉和经验订货，而是用过去的数据以及对将来的预测进行科学地订货。在此，让我们复习一下吧！

① 进行仓库的清理、整顿（第 1 讲）
② 将畅销商品与滞销商品区分开（第 2 讲）
③ 对畅销商品要投入更多的精力订货（第 3 讲）
④ 热销商品以外的商品无需投入精力订货（第 4 讲）
⑤ 正确掌握销售与到货的数据（第 5 讲）

如果严格按照到目前为止的步骤来做的话，在某种程度上确实能够减少库存。**只是，在实际的现场中，基本上是无法完成这些步骤的。**

假如①～⑤的步骤都已完成，需要进一步在此基础上削减库存的话，该如何做才好呢？

从今天的授课开始，我想针对这些方法进行说明。

请恕我直言，到目前为止所学习的方法中为了能进一步减少库存，您认为该做些什么呢？

"为了减少库存的同时并避免缺货，有安全库存这一方法，因极端的事情造成缺货暂且不说，把安全库存设定为0如何？或者预先把平均每天销售量设定少些。比如说，调节液晶电视每周订货量为1 000台的状态。这样做的话，库存就比现在能减少很多是吧。"

嗯，的确也许能减少库存量，但顾客也会远离而去吧？库存再怎么减少，因商品品种不齐全而使销售额下降岂不是鸡飞蛋打。强势的买卖可以，比如说名牌商品或颇有人气的商品另当别论。

现在，重新修改了销售方法，但首先要重新修改购买方法。

"虽说重新修改了购买方式，可商品是要有订购方的吧！订购方会直率地对你说'好的'吗？"

重新修改购买方式，再削减库存该如何做呢？

在此，让我们再次回顾一下在第3、4讲中介绍过的订货方式的订货点和订货量的计算公式。

首先是预测方式。这个订货是根据订货量的多少来决定库存。每天、每周 1 次或每月 1 次，因商品的到货而使库存增加，下次到货前逐渐减少，然后再次到货后库存增加，这样不断重复（图 6.1）。

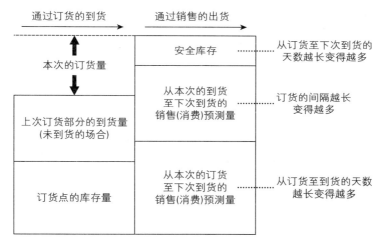

图 6.1　预测方式订货示意图

订货量 =（从本次的订货至到货的天数 + 从本次的到货至下次到货的天数）的销售预测数量 + 安全库存 − 订货点的库存量 − 上次订货量的到货量※

注：※ 尚未到货的情况

　　像这样，订货量是由"从本次的订货至到货的天数"与"本次的到货至下次到货的天数"的长短来决定的，所以，如果这个天数能够缩短的话，订货量就能够减少。

利用第 2 讲中所解释的库存量推移图来看会更容易理解。缩短"从本次的订货至到货的天数"与"从本次的到货至下次到货的天数"的话，如图 6.2 中所示的峰值（库存量）就会变低（变少）。

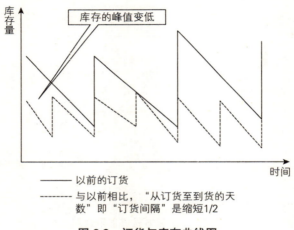

图 6.2　订货与库存曲线图

总而言之，利用预测方式进一步减少库存，只要缩短"从本次订货至到货的天数"和"从本次订货至下次到货的天数"即可。

挑战更进一步的库存削减

那么，让我们实际看看 YAMAZUMI 商社的液晶电视的订货情形吧。

现在"从本次的订货至到货的天数"和"从本次的到货至下次到货的天数"分别是：

- **从本次的订货至到货的天数：4 周**
- **从本次的到货至下次到货的天数：4 周**

如果把这两个都缩短成 2 周就会像图 6.3 中所示的那样，只要缩短天数就能够减少库存。

这时，与最初相比也减少了 77% 那么多的库存（表 6.1）。

表6.1　短时间减少库存示意图

	平均库存量（5～25 周）	最大库存量（5～25 周）
至今的做法	3 081	4 550
每 4 周 1 次预测订货（表3.3）	1 738（减少 44%）	3 126（减少 31%）
每 2 周 1 次预测订货	722（减少 77%）	1 246（减少 73%）

"能减少 77%？ 简直难以置信！"

这个不只限于预测方式。再继续解释一下吧。接下来，关于看板方式也是同样看的。

在看板方式中，库存由"看板的枚数 × 每枚看板的数量"所决定的（表 6.2，图 6.3）。

看板枚数
 = （从交付看板后到返还回来的天数 + 1） × 平均每天的销售额 ÷ 平均每枚看板的数量）

表 6.2　订货周期由 4 周缩减至 2 周

每4周1次预测订货

	到货量	销售量	库存
0 周			1 500
1 周	3 500	850	4 150
2 周		900	3 250
3 周		800	2 450
4 周		850	1 600
5 周	2 176	950	2 826
6 周		850	1 976
7 周		900	1 076
8 周		800	276
9 周	3 400	850	2 826
10 周		800	2 025
11 周		750	1 276
12 周		850	426
13 周	3 500	800	3 125
14 周		900	2 225
15 周		850	1 376
16 周		950	426
17 周	3 650	950	3 125
18 周		1 050	2 076
19 周		1 000	1 076
20 周		850	226
21 周	3 500	750	2 976
22 周		850	2 126
23 周		800	1 326
24 周		750	576
25 周	3 450	900	3 126

每2周1次预测订货

	到货量	销售量	库存
0 周			1 500
1 周	3 500	850	4 150
2 周		900	3 250
3 周		800	2 450
4 周		850	1 600
5 周	396	950	1 046
6 周		850	196
7 周	1 650	900	946
8 周		800	146
9 周	1 800	850	1 096
10 周		800	296
11 周	1 700	750	1 246
12 周		850	396
13 周	1 650	800	1 246
14 周		900	346
15 周	1 600	850	1 096
16 周		950	146
17 周	1 900	950	1 096
18 周		1 050	46
19 周	2 000	1 000	1 046
20 周		850	196
21 周	1 800	750	126
22 周		850	136
23 周	1 650	800	1 246
24 周		750	496
25 周	1 600	900	1 196

这个时点库存还很多，没有到货。

142

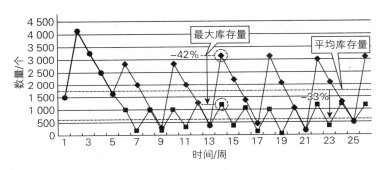

图 6.3　订货周期缩减至 2 周时示意图

　　看板的枚数，因交付看板后到返还回来的天数，即因"从订货至到货的天数"而发生变化。

　　在看板方式中也是一样，缩短天数的话库存就会减少。还有，我认为平均每枚看板的数量越小则库存的数量也就越少。但这部分的看板枚数就需要增加。

　　在此请具体地试算一下吧。

　　比如啤酒，假定有 24 瓶 / 箱和 6 瓶 / 箱（假定从订货至到货的天数是 1 天、平均每天的消费量是 15 瓶）。

24 瓶 / 箱的情况
（ 1 ＋ 1 ）×15÷24 ＝ 1.25 枚

6 瓶 / 箱的情况
（ 1 ＋ 1 ）×15÷6 ＝ 5 枚

24 瓶 / 箱的情况是 1.25 枚，出现小数的情况进位后变为 2 枚。于是，库存分别得出：

24 瓶 / 箱的情况
2 张 ×24 瓶（平均每枚看板的数量）= 48 瓶

6 瓶 / 箱的情况
5 张 ×6 瓶（平均每枚看板的数量）= 30 瓶

即平均每枚看板的数量少，实际的库存就会变少。这是因为对于每天的销售额来说，平均每枚看板的数量要是过大的话，在出现小数点时就要进位的缘故。

从这一点上，我想能够明白**为了更进一步减少库存，"从订货至到货的天数"和"平均每枚看板的数量"比每天的销售（消费）数量少的话就可以。**

最后，解释一下边际方式吧。因库存由订货点和订货量决定，所以到订货点时，如果库存减少的话，之前的订货量到货后库存就会增加，又到了订货点时，库存减少这样不断地重复。

> 订货点 =（从订货至到货的天数）× 平均每天的销量
> 　　　　+ 安全库存

这时，如果能缩短"从订货至到货的天数"，就能够降低订货点。

订货点的库存因为要维持从订货后至到货这一期间的库存，所以这个天数越短，越能够减少库存。

其次是订货量。就订货量而言，频繁订货的话，就会产生订货作业和配送费用等成本。反之，汇总后过多订货的话，管理所需要的仓储费等就会产生成本，所以必须要找到二者之间的平衡点，定好每年的订货次数。

无论从哪方面来说，边际方式就是建立在以较少的次数汇总后订货的构想为基础的。尽量想减少自己出去购买的次数，这样的想法固然是理所当然的，同时对配送方来说也是一样，汇总后配送的效率会更高。

那么，如果能够减少平均每次订货所投入的费用的话，用较少的订货量就能解决，相应地库存也肯定能够减少。

由此得出，**用边际方式更进一步减少库存，只要把"从订货至到货的天数"和"平均每次订货所投入的费用"变少即可。**

跟刚才所讲的一样，用第 2 讲中所使用的库存变化推移图解释的话，将"从订货至到货的天数"和"订货量"变少，就能够如图6.4中所示的那样，峰值（库存量）变低（变小）。

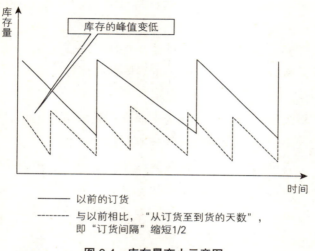

图6.4 库存量变小示意图

让我们来实际思考一下 YAMAZUMI 商社健康器具订货的场合吧！"从订货后至到货的天数"和"订货量"将变为：

·从订货至到货的天数 5 周
·订货量 4 000 个

首先将从订货至到货的天数变为 2 周，再将订货量变成 2 000 个。那么，平均库存减少 68%，最大库存也能减少 63%。

液晶电视的库存减少 77%、健康器具的库存也减少 66% 的话，YAMAZUMI 商社的库存变成开始时的 1/3。这样的话，投入在仓库上的成本也将减少 1/3，即每月大约节省 476 万日元（表 6.3，表 6.4，图 6.5）。

表6.3　库存减少示意表

	平均库存量（5～25 周）	最大库存量（5～25 周）
至今的做法	3 612	5 600
边际方式（1% 安全库存）（参考表 4.4）	2 279（减少 37%）	4 150（减少 26%）
边际方式（1% 安全库存）+ 缩短天数 + 订货量一半	1 136（减少 68%）	2 050（减少 63%）

"……没有什么不满足的吧！"

表6.4　订货与库存量示意表

边际方式

	到货量	销售量	库存
0 周			4 000
1 周		400	3 600
2 周		450	3 150
3 周		600	2 550
4 周		300	2 250
5 周		600	1 650
6 周		400	1 250
7 周		250	1 000
8 周		450	550
9 周	(4 000)	400	4 150
10 周		350	3 800
11 周		250	3 550
12 周		500	3 050
13 周		250	2 800
14 周		550	2 250
15 周		300	1 960
16 周		350	1 600
17 周		450	1 150
18 周		400	750
19 周		500	250
20 周	(4 000)	200	4 060
21 周		300	3 750
22 周		600	3 150
23 周		350	2 800
24 周		450	2 350
25 周		350	2 000

（订货点：2 601）

边际方式+缩短天数
+订货量的一半

	到货量	销售量	库存
0 周			400
1 周		400	3 600
2 周		450	3 150
3 周		600	2 550
4 周		300	2 250
5 周		600	1 650
6 周		400	1 250
7 周		250	1 000
8 周		450	550
9 周		400	150
10 周	(2 000)	350	1 800
11 周		250	1 550
12 周		500	1 050
13 周		250	800
14 周		550	250
15 周	(2 000)	300	1 950
16 周		350	1 600
17 周		450	1 150
18 周		400	750
19 周		500	250
20 周	(2 000)	200	2 050
21 周		300	1 750
22 周		600	1 150
23 周		350	800
24 周		450	350
25 周	(2 000)	350	2 000

（订货点：1 180）

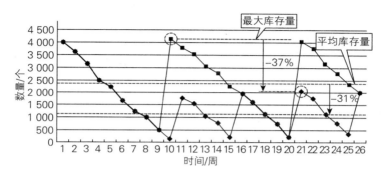

图 6.5　库存曲线图

综上所述，运用预测方式和边际方式时，若要减少库存如下 2 个要点极为重要。

① 缩短从订货至到货的天数
② 降低平均每次的订货成本（减少平均每次的订货量）

但是，将上述①和②单方面告知厂家是不行的。②并不是简单就能够实施的。所以，若要实现这些就必须要做点什么，下面想接着进行阐述。

缩短从订货至到货的天数

自家的啤酒喝完时，若在以前的话因只能在街道的酒铺购买，所以一般来说只能向定期到各家订货的酒铺店员

（推销员）订货，数日后便能配送来。

但现在不只限于酒铺，在超市和便利店也能轻而易举地买到。如果全部都自己做的话，

几十分钟就能完成从订货到配送。

只是，生意上到货的商品就不能这样。从订货至到货最短也得1天，长的话1周，

更长的时候也是有的。

那么，怎么做才能缩短呢？可以想到如下几种方法。

（1）进行缩短时间的交涉

一直以来的交易条件理所应当地继续，虽然有商量的余地，但却从没过有关缩短从订货至到货的天数的交涉。

现在的工作人员，延续了以前的做法，深信这是理所当然的。YAMAZUMI商社和健康器具厂家交往了20多年，订货方式从以前开始就没改变过，所以，若是商谈的话或许会得到意想不到的理解。首先试探着问下看是很重要的事。

（2）调查一下是否有其他可以满足天数短的地方

变换交往多年的供应商不是件很容易的事吧？但是，如果大幅度缩短从订货至到货的天数的话，则有充分考虑的价值。

经过调查，现在所订货的供应商要从很远的地方配送，所以单是移动就需要1天以上的时间——像这样的事也许是有的。只要不是特殊的商品，在近处购买是最好不过的。即使只是调整这一点，到货的时间有时是可以缩短的。

健康器具的厂家如果说少于5周不行的话，那就试着找找其他的供货商会比较好。如果只有那个厂家才能制造的话，则另当别论。但通常从订货到交货要5周的话，一般来考虑的话也是有些长。

> **（3）预先让供货方保管一定数量的库存**
>
> 　　预先让供货方持有某种程度库存的话，有可能从订货至到货用2～3天就可以。
>
> 　　像自家公司独创的商品那样，接到订货后再生产的话，从受理订货到下达生产指示、生产、出货准备、配送这样的工序需要花费1周以上。还有，供货方接到订货后，如果要事先采购零配件或材料的情况下，则要花费将近1个月或者更多时间也是有的。那种情况下，预先要进行交涉，建议让供货方持有某种程度的库存。
>
> 　　那部分的库存最终是要有交易责任的，尽管如此，能够快速配送商品是最好不过的。

降低平均每次的订货成本

　　一次的订货数量大的话，到货的瞬间库存就会暴增。之后，随着销售行情库存会减少下去，而后再到货，则库存再会暴增。

　　这是因为，如果把一次的订货量减半的话，库存虽不能说也减少了一半，但却能大幅度地减少。

　　订货量减半的话，一次的订货所到的库存持有天数基本上也减少一半。要是那样的话，从订货到下次订货的天数也将减少一半，这部分的订货次数就会变多。所以，就会有订货成本增加的问题。

　　为了减少库存尽可能地缩小订货量是可以的，但与此相反的是，因为增加了订货次数，所以从结果上来看却导

致了订货成本的上升。可话虽这么说，可也不能成为转嫁到顾客购买价格上的理由。因此，在不上涨购买价格、缩小订货量的同时，增加订货的次数是有必要的。

可是，订货成本都有哪些呢？让我们列举几个主要内容吧！

① 核查库存，确认是否需要订货，如果需要的话，则要进行订货作业
② 客户的发货作业
③ 客户的配送货物成本
④ 配送货物的入库作业

最大的问题是客户配送货物的成本。让对方将每周配送 1 次的货物变更为每天配送 1 次。那么，卡车的运输费则要花费 5 倍，所以很有可能要求上涨这部分的费用。

解决这个问题的方法之一就是共同配送。

举例来说，用所准备的 1 台卡车，将 5 家客户每周一次配送的货物，变为每天送到 5 家客户，每家客户只领取 1 天份额的方式。牛奶厂家从农家奶户收购牛奶时也用同样的方式，这个也被称之为"巡回取货（Milk run）"。

从便利店的物流中心到各个店铺商品的配送也是同样的想法（图 6.6）。

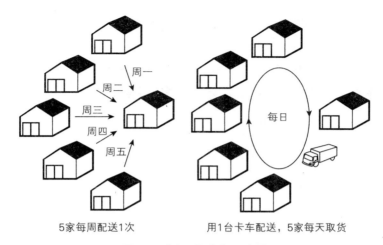

5家每周配送1次　　　　　　用1台卡车配送，5家每天取货

图 6.6　"巡回取货"示意图

　　伴随着订货次数增加，则到货作业一旦增加，就会出现用现场改善来提高作业效率化的需求。举例来说，每周1次到货与每天到货，想想看哪一个更需要人手？

　　每周1次5人来进行到货作业的情况下，其他的时间做其他工作的人，在到货日时则集中一起进行作业。另一方面，每天1人进行到货作业的情况下，1个人每天重复不断地进行到货作业。

　　这时，事实上用每天1人进行作业的效率高。原因在于，1个人专心重复进行特定的作业的话，依靠更正自己最初在试行时犯错的同时，也能够积累经验和技能。还有，基于这一经验，不单是自家公司的到货作业，就是对

153

供货方的出货作业也能起到帮助改善的作用。

因配送的重新修正、订货、到货作业和供货方的出货作业的改善，降低了平均每次的订货成本，即使订货次数增加也能做到成本不会上升的（图 6.7）。

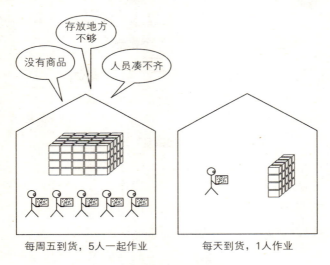

图 6.7　每周进货与每天进货

与客户锲而不舍地交涉

缩短从订货到出货的天数，将平均每次的订货量变少是离不开客户的配合的。

"因为想要减少自家店铺的库存，所以希望缩短从订货到配送的天数。为此，希望能够持有所需要的库存。还有，平均每次的订货量要是能够减少的话就更好了。"这样的单方面要求即使传达给客户的话，肯定也不会被接受吧。

如果想让客户接受的话，就要锲而不舍地向客户解释它的优势，并需要获得客户的配合。

"解释时的要点是什么？"

要说明作为稳定的优质客户，无论是对对方，还是对YAMAZUMI商社，双方都是不可或缺的伙伴。比如说，对YAMAZUMI商社而言，就算其他地方有价格更便宜的地方，也不会变更客户的。与略微便宜点的采购价格相比，每天能够少量到货，不持有库存更为有利。

再有一个，说是让客户持有库存，但那种情况并不是让客户单方面地持有，而是双方有必要事先商量好所持有的库存量。而且，客户所持有的这些库存，最终必须由YAMAZUMI商社负责领收。

留给贝杉社长的作业

那么，今天留给贝杉社长的作业是挑战更进一步的库存削减，尝试着与客户进行实际地交涉。

请尝试与客户商谈下面的3个条件，如有不清楚或未能顺利进行的话，请随时找我来商量。

·缩短从订货至到货的天数
·缩短从订货到下次订货的天数
·缩小订货量

　　"就这样交涉？能顺利吗？"

　　正因为不能马上实施，才要从现在开始进行交涉。实际运作的话，或许要在 1 个月以后才能实现，也有可能是在 1 年以后。尽管如此，现在的刚好是行动的一个契机。

　　"明白了。我试试看!"

　　频繁且少量订货，就如同减肥一样。

　　"确实如此啊！据说每天 1 顿吃很多的话，说是就会以脂肪的形式积蓄在身体里。听说相扑选手每日 2 餐，没有早餐，暴食午餐。"

　　相反，频繁摄取的话，身体好像就不会蓄积多余的能量。

截至目前为止的成果

截至目前的减少目标　　　60%→53%[※1]

仅做这些的收入目标　　　5 000 万日元→4 243 万日元[※2]

注：[※1]　4.8 亿日元（32 英寸液晶电视库存金额）×（0.77−0.44）

　　　　　≈ 1.58 亿日元

　　　　2.44 亿日元（健康器具库存金额）×（0.68−0.37）≈ 0.8 亿日元

　　　　（1.58 亿日元 + 0.8 亿日元）÷10.24 亿日元≈ 23%

　　　　　　　30%（上次削减率）+ 23% =53%

　[※2]　上次削减　2 375 万日元

　　　　贷款利息削减（1.58 亿日元 + 0.9 亿日元）×80%（原价率）

　　　　×3%（利率）≈ 595 万日元

　　　　仓储费削减　424 万日元 ×40%（在仓库放置 32 英寸液晶电

　　　　视的比例）×（0.73−0.31）×12 个月≈ 855 万日元

　　　　仓储费削减　424 万日元 ×24%（在仓库放置健康器具的比

　　　　例）×（0.63−0.26）×12 个月≈ 452 万日元

　　　　上记合计　2 375 万日元 + 595 万日元 + 855 万日元 + 452 万

　　　　日元 =4 277 万日元

第6讲　汇总

更进一步削减库存的钥匙

如果用订货方式就能减少过剩库存的话，那也并不能说
已经大功告成。因重新考虑"订货的根本方法"所以，
有可能更进一步削减库存。

- 缩短从订货至到货的天数
- 预测方式的情况下，缩短从订货到下次订货的天数
- 缩小订货量

重新考虑"订货的根本方法"的要点

虽说是重新考虑订货的方法，但单方面告知客户是无法
实现的。需要反复与对方进行锲而不舍的交涉，从双方
的角度来重新考虑业务的流程。

比如说有如下的要点：

- 预先让客户持有某种程度的库存，缩短从订货至到货的
  天数。
- 将客户的到货以"共同配送"的形式进行，做到即使增
  加了配送频度也不增加成本。

第 7 讲

捕捉真正的销售行情

不需要库存的商业模式

不需要库存的商业模式你认为有吗？

"教师的职业不就是那样吗？像医生、律师、教师和咨询顾问。"

可医生是需要药的。

"最近日本劳动部在推进医药分开，听说由药剂师来调配药品等的现象在增加。所以，医生好像几乎没有持有库存的。"

事实上真是这样吗？在此之前去看牙医时像是听说过有很多库存。麻醉注射剂和补牙的填充材料等，因医院的大小而有所不同，但听说已有数百万日元的规模。并且，因为汇总购买的话能便宜一点，但却因此持有大量的库存，看样子很是困惑。

和此前的 YAMAZUMI 商社是一样的情形对吧！和他说过下次给他介绍一位库存削减专家，所以请贝杉社长一定要多给他一些建议啊！

"真是令人感到很荣幸！但一直以来很畏惧牙

医，如有可能还是饶了我吧！"

如果是社长的话，肯定没有问题。请您帮帮他吧！

好了，那么请让我们进入今天的授课吧。先请社长汇报一下上次的作业。

加快挑战削减 6 亿日元的库存

"液晶电视和健康器具分别使用预测方式、边际方式，从最初有 10 亿日元的库存到现在减少了大约 50%。一度曾认为这已没有余地了，但因上次老师又教会了继续减少库存的诀窍，所以越发鼓足干劲积极投入到削减库存了。那么，从厂家的到货条件是否可以重新考虑，和对方交涉后，给出了如下的条件以作研讨。"

1. 缩短从订货至到货的天数

液晶电视 4 周→2 周

健康器具 5 周→2 周

2. 缩短从下次订货至到货的天数

配合液晶电视从订货至到货的天数变更为 2 周，从订货到下次订货的天数也变更为 2 周。

3. 缩小订货量

健康器具所有商品的订货量将目前的数量减少一半。

"这些全部在半年之内实施。"

我想能够看到效果后就会越来越能激发干劲。很值得期待！

想要的信息在哪里？

库存由到货和出售的加法决定。上次的授课中讲过为了减少库存，重新考虑订货方式的方法，所以，这次我们将重新考虑销售方法。

在此，让我们再次看看预测方式和边际方式的订货点和订货量的计算公式吧。

[预测方式]
订货量 =（从本次订货至到货的天数 + 从本次的到货到下次到货的天数）的销售预测数量 + 安全库存 – 订货时的库存量 – 上次订货的到货量 *

注：* 尚未到货的场合

[边际方式]
订货点 =（从订货至到货的天数）× 每日的销量 + 安全库存

无论哪一个方式每天的销售数据都对订货量及订货点有影响。这个数据如果不是值得信赖的话，所求的订货量及订货点也是不值得信赖的。

YAMAZUMI 商社所掌握的销售数据实际上如何？在此让我们来确认一下吧。

YAMAZUMI 商社的液晶电视是如何到了顾客的手中的呢？

"敝社是从日本国内外的厂家采购电器制品后进行销售的批发商。32 英寸液晶电视的采购如上次所解释的那样，首先运用每月 1 次向日本国内厂家订货的方法，1 个月后就会到货。但这次交涉的结果是，按每隔 2 周的订货、2 周后到货。商品与此之前一样还是运送到同样的仓库进行保管。"

液晶电视的主要顾客是哪里？

"主要是家电量贩店。每周 1 次根据从经销商那里接收到的订货，将商品配送到流通中心。再从流通中心将商品配送到各个店铺，各个店铺都有不同程度的库存。"

商品的销售行情在哪个时点能够看到？

"从敝社所能看到的'销售'是从仓库配送到家电量贩店的流通中心之时。是如何被配送到零售店，实际上卖给了谁、卖了多少则全然不知（图7.1）。"

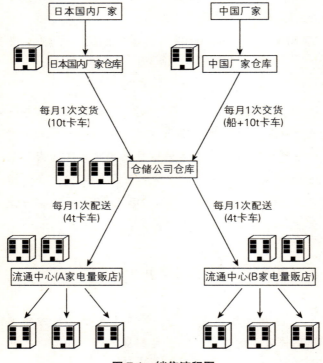

图 7.1　销售流程图

包括家电量贩店等的库存在内，知道现在在哪里？有多少库存吗？

"一点都不知道。我只知道敝社的仓库里有多少，但家电量贩店和邮购公司流通中心的仓库里有多少真的是全然不知。"

像海啸一样滞后的信息

在此，液晶电视的销售信息是如何传递到 YAMAZUMI 商社的，让我们用图来整理一下吧（图 7.2）！

A　连续不断地生产　厂家　→　仓库　→　流通中心　→　零售店
快点交货　快点交货　快点交货

图 7.2　液晶电视销售信息的传递示意图

首先，请看图 7.2。液晶电视在畅销时就是这个样子。因零售店店铺在商品到货后马上能够售出，所以几乎没有库存。商品售出后，接着就要尽可能地为再次销售储备库存。零售店经常是向流通中心要求进货的状态。

流通中心针对零售店的要求，从 YAMAZUMI 商社到货后的商品从右向左不断配送着。所以，这里也几乎没有库存。与零售店同样，出货后也希望为下次的出货储备库存。经常是向 YAMAZUMI 商社要求进货的状态。

YAMAZUMI 商社为了响应家电厂家的库存要求，不断地配送从日本国内厂家到货的商品。因此，也同样几乎没有库存。跟尽可能地为下次出货而持有库存的零售店、物资流通中心一样。经常是向日本国内厂家要求进货的状态。

像这样，畅销时无论哪里都是要求进货的状态。

这种状态突然一变，液晶电视滞销时会是如何呢？请看图 7.3。

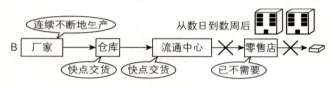

图 7.3　液晶电视突然滞销示意图 1

零售店的销售行情一旦变坏，零售店的库存就开始积压。到那时如果销售得一直很好的话，即使销售行情稍微变坏，也不会突然减掉向流通中心的订货。还有认为销售行情会好转，就会在零售店的仓库允许范围内持有库存。最后再也承受不了这么多库存时，终于减少了向流通中心的订货，这时店面的销售行情从开始下滑到现在已经过了数日或数周了。

接下来请看图 7.4。来自零售店的订货一旦减少，流通中心的库存就开始积压起来。到那时因来自零售店的库存一直都很顺利，所以即使销售行情稍微差点，也不会突然减少 YAMAZUMI 商社的订货。

图 7.4　液晶电视突然滞销示意图 2

还有想到订货是否就要反弹，就会在物资流通中心允许的范围内持有库存。然后，再也承受不了这么多库存时就会减少 YAMAZUMI 商社的订货。那么，这时店面的销售行情从开始下滑到现在已经过了几周到 1 个月以上的情况也是有的。

最后是图 7.5。YAMAZUMI 商社从流通中心的订货一旦减少，租赁的仓库里的库存就会开始积压。到那时因为是流通中心所要求的库存，所以即使销售行情稍微变坏，也不会突然减少日本国内厂家的订货。还有认为订货会反弹，YAMAZUMI 商社就会在租赁的仓库允许范围内持有库存。然后在再也承受不了这么多库存时，终于减少了日本国内厂家的订货。这时，店面的销售行情从开始下滑到现在已过了 1 个月以上时间的可能性也是有的。

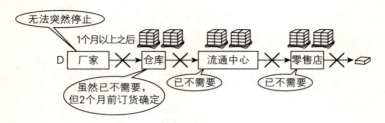

图7.5 液晶电视突然滞销示意图3

像这样，零售店店面的销售行情从开始下滑，到YAMAZUMI商社实际上停止向厂家的订货为止，一旦产生大幅度的时间差，就很容易扩大受害的范围。

AKUBIA15英寸液晶电视的库存膨胀时，到叫停了向中国厂家的订货是在2个月之后，即踩住订货制动是在2个月后。而那时已经确定好了到2个月后到货。结果从店面的销售行情开始下滑后的4个月期间内，与此前一样继续从厂家到货着。

　　"是的，其结果就是最初所看到的仓库。"

为什么会发生这样的事情？原因在于液晶电视在交到顾客手中为止，有些地方的库存在做"恶"。因为库存，所以YAMAZUMI商社很难把握真正的销售行情。

这话不仅仅是对YAMAZUMI商社而言。2008年由于金融动荡而引发的经济萧条也是一样，以丰田汽车为首的日本汽车各厂家就拥有了大量的北美汽车库存。

各厂家也都在当地进行生产，以高级车为主从日本出口的例子也还有很多。因为危机之前北美市场的情况良好，所以丰田和本田等公司也肯定是不断地接到当地销售公司要求配送汽车的请求。但市场突然一变，汽车一旦销售不出去，库存当然就会积压。

与 YAMAZIMU 商社的状态相比，我觉得应该再稍微正确地把握实际的销售行情，但被强加的向销售公司的订货，与实际的销售行情不同，而是不断地送入商品。况且，从日本到北美用船运输的话需要 1 周以上的时间，因一旦出航就不能返回，所以就算叫停的话，那些货物也只能运送到目的地去了。

还记得一个时期，由于猪流感的影响而引发口罩脱销的事情吗？零售店因商品缺货而预约爆满。经销口罩的批发商也接到来自零售店蜂拥而至的订货，然后订货又蜂拥而至到了厂家。对于只有 100 个生产能力的工厂而言，假设来了 200 个订货的话，这种情况，要是贝杉社长的话，你怎么办呢？

　　"到追加的口罩到货前，让他们忍耐一下将订货量减少一半。"

知道这些的零售店将会怎么订货吗？

"无论如何都想要的话，就会订双倍于想要
的量！"

如果大家都这么做的话？

"数倍于所需要的量的订货就会蜂拥而至到口
罩厂家。"

那么，其后数月流感疫苗被研制出来，口罩的必要性
弱化后将变得怎样？

"在零售店、批发商，还有厂家那里的口罩库
存就会变得堆积如山。"

即便如此，不可或缺的库存作用

刚才用极端的例子把库存当做"邪恶者"来对待了，
但实际上，库存也有着非常重要的作用。因为过多持有库
存不好，库存本身是绝对不能否定的。以书的流通为例来
考虑一下。

书的流通如图 7.6 所示的那样，是以出版社、经销商
和书店的形式持有库存的。

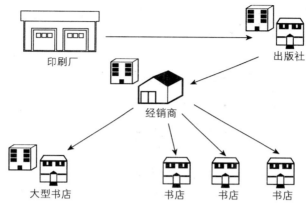

图 7.6　书的流通示意图

如果书店里没有库存了会变成怎样?

　　"即便想读,却立刻到不了手上,很是不便。马上想阅读从报纸和杂志的书评上知道的书以及他人推荐的书时,被告知送到要等几天后时就会令人失去兴趣。"

　　是这样的。还有最初本没打算买这本书,当看到店里摆放的书的封面和标题后,产生了兴趣而想要购买,一旦从书店那里听到没有库存的话,则立即变得兴趣皆无。

　　还有,经销商和出版社要是没有库存的话也会很不方便。原因在于我们去书店买不到的书,基本上就会从批发店或出版社约货。

如果，批发店和出版社没有库存的话，只能询问其他的书店是否还有库存。像纪伊国书店和丸善那样大型书店，也可以让他们在其系列店中寻找，但要是中小书店的话，就只能挨家去碰，实际到手会花费很多精力和时间。

还有曾经滞销的书，经常会有因改编成电视剧或名人的推荐等突然畅销起来。那时，由于流通着的库存和经销商、出版社的库存不足的话，出版社则要重新印刷。

不过，因为到完成装订前还要花费很多时间，所以马上到不了手中。像这样，**库存使顾客在"想要"这一时期的心情获得满足，起着非常重要的作用。**

多余库存带来的不良影响

关于库存的缺点在最初的授课中已有论述，在此，试着整理下过剩的流通库存给销售额所带来的"不良"影响吧！

（1）真正的销售行情是看不到的

正如用 YAMAZUMI 商社的事例所解释的那样，本社与最终顾客间存在大量库存的话，面向顾客的销售动向就会滞后传递。由此就会发生判断滞后或错误判断。

如果能够确认销售行情逐渐转好的话，在来自批发商和零售店的订货到来之前就能采取必要措施。但若是看不到，订货到后就会手忙脚乱。

相反地，如果知道销售额在渐渐减少的话，就算是批发商和零售店来了订货，反正已预测到订货将会减少，是应该可以判断不用再向厂家订货的。但是，其预测一直是不好的话，照样将本来不需要的商品向厂家订了货，就会陷入持有过多存的窘境。

（2）因尾货而导致新产品无法售出

多数商品在数月到 1 年之内的周期不断地推出新产品。为此，在新产品出售之际，尾货就只能以低价处理。

只是，即使将最近的新产品与旧产品比较的话，在功能上并没有那么大的区别，而且付加了许多普通人所不需要的功能，来店的人也并不买新产品，而是购买价格便宜正在销售的旧产品，这样的话，新产品就无法出售了。

（3）流向了现金批发店

持有大量尾货的库存，而且又陷入资金周转困难的店铺，闲置在库存上的资金哪怕是回流一点现金，都会将产品以超低价格售给以现金形式支付货款的"现金批发店"，现金批发店当然是在此基础上加上自己的利润后再流向廉价商店，但因为是以超低价格的进的货即便加上利润，相对其他的商品而言也还是便宜很多，所以，越发形成了新产品无法出售的环境。

像这样，持有大量流通库存会带来各种各样的不良影响。

那么，对于这样的影响该如何处理呢？接下来进行讲解吧！

即使付费也想获得的信息

在此提个问题，你认为怎么做才能掌握更加准确的销售信息？

> "前些时候进行国会议员选举时，在投票处做了个民意调查，做个与其同样的调查如何？即在零售店做个顾客调查。"

的确在选举的时候，各家电视台都想最先报道推测的"当选结果"，于是就在若干个投票处做民意调查。但这只能是在投票日的当天才能做到的。要是每天都做的话，就会产生预想不到的费用。

> "听说根据公司的不同有能够购买量贩店的POS数据的。要是也这么做的话，也许就能掌握YAMAZUMI商社商品的销售信息了。"

是这样的！家电产品、书籍和便利店里所销售的商品等，就购入商品时在收款机（收款台）读取条形码的商品而言，其数据也许就能够购买的。

就书籍而言，日本全国范围的纪伊国书店的数据好像在很多地方有效地利用着。每天哪本书、哪家店铺、卖了多少册，实时了解信息。据说日本书籍销售的 5% 左右是通过纪伊国书店来销售的，倒推一下，也是可以推算出日本全国大概的销售额。

减少库存，感觉销售行情

除了购买 POS 数据的信息以外，还有别的方法吗？

"如果说因持有流通库存而导致信息传递困难的话，没有流通库存就一定好吗？"

是啊！只是，因为最初并不是为了想持有而持有，所以，为了不持有而一定要做些什么的。贝杉社长认为有什么办法吗？

"敝社现在每周 1 次给家电量贩店和邮购公司的流通中心出货，是因为大概每周的出货量刚好用 1 辆卡车就可以。也就是说各流通中心自家的库存至少肯定有超过 1 周的量。当这个数量减少时，比如说每周配送 2 次以上如何？只是当卡车的次数变成 2 倍时，单纯的运输费就将变为 2 倍以上。可以用比这小一些的卡车的方法，但是虽能把 4 吨的卡车变成 2 吨的卡车，但价格却并不能减半……"

是这样的。这也是个要点之一吧！有关订货的时候也曾说过，有效的方法是重新考虑一下卡车的配送方法。

给客户配送商品时，曾说过每周 1 次，为每家主要客户单独准备 1 辆卡车。然而事实不是样的，是每天准备 1 辆卡车，用其中的 1 辆给所有的主要客户配送商品，这样的话运输费用几乎不会增加。

把以前的每周 1 次，即 1 周的商品集中配送变为每天只配送 1 天的商品后，这样就能减少流通库存。客户那边也是一样，如果每天配送商品的话几乎没有库存（图 7.7 ）。

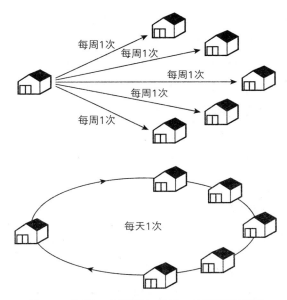

图 7.7　每周 1 次配送与每天 1 次配送示意图

那么，在销售行情上升的情况下，因只持有一点库存，所以订货来得很快。相反，即便销售行情下降的话，因每天来的订货处于停滞，所以便能敏感地察觉到变化。

实际上，尽量减少流通库存，力争把握市场变化的企业中有家名为"小松"的公司。

小松是生产推土机等建设机械的公司，但销售情况波动很大，如何及早察知中途退潮期的来临并及时应对，采取流通库存（小松将其称为"中间库存"）的削减来应对。

有效果吗？即使在 2008 年经济萧条的情况下，小松也稳健地成为赢得了利益的公司之一。

获得 POS 数据，哪怕是减少一点的流通库存，也要让销售行情变得容易把握，用这种方法虽不能直接减少库存，但却因能够比以往及早察觉到店面的销售行情，使及时应对成为可能，而减少重大的损失。

与顾客直接联系

因已接触了削减流通库存，所以在此再进一步的稍微研究一下销售方法吧。

刚才已讲解了改变方法所带来的利点，即将给顾客配送的方法由每处集中配送变更为只送所需要的部分，分成几次配送。你认为如何？除此之外还有没有更好的提案？

"网络销售如何？这样的话就不需要持有流通库存，直接就能售给最终的顾客。"

是啊！像戴尔电脑，就是以网络销售为主而成功的公司。不仅是戴尔，日本其他的电脑厂家也在积极地从现有的销售方法转换成网络的销售方法。

　　"其次，还有专卖店的方法。夫人喜欢的服装
和鞋之中，在专卖店中的销售似乎很多。名牌商品
用这种方法的很多。"

　　确实如此，与时装有关的商品只要不上市就不知道能
否畅销，所以最先察觉顾客的反应的可能是专卖店吧。实
际上什么商品售的好，每天都是清楚的，所以既可以只生
产售出去的数量，又可以在售不出去时及时采取对策。这
样的话，持有多余库存的风险也就会大幅降低。

　　但当开设专卖店时，就会产生成本，所以并不是在哪
里所进的货都能卖得好的。垄断名牌商品的采购与销售，
建立强有力的自社品牌并在专卖店销售等是很好的对策。

　　总之，要将销售行情的数据细化，并迅速捕捉，在此
基础上再加上能够快速订货、到货的话，就绝对不会持有
过多的库存。

留给贝杉社长的作业

　　YAMAZUMI 商社持有庞大的 15 英寸液晶电视库存。
社长应该切实地感受到及时捕捉市场信息的重要性了。

　　本次的作业，是发现如何避免教训这个发生于其他商
品的方法。对于 32 英寸的液晶电视和健康器具也是一样，
怎样做才能及早把握销售行情的信息，请具体研究一下并

在下次汇报。

　　"32 英寸液晶电视是商品中占份额大的部分，一旦持有库存仓储费也需要花费 15 英寸的双倍，正因如此，如果库存能够减少的话效果也会很大。我一定积极尝试着实践一下。"

　　请努力吧！但是，此次作业除减少库存以外，还有要本着回顾以往的失败，思考不再重蹈覆辙对策。和以前一样请认真地研究并实践。

截至目前为止的成果
截至目前的减少目标　　　60%→53%
（与上次一样，没有变化）
仅做这些的收入目标　　　5 000 万日元→4 277 万日元
（与上次一样，没有变化）

第 7 讲　汇总

表面的销售行情、真正的销售行情

如果你的公司不是面向最终顾客，而是将商品销售给批发商或零售店的话，就必须要知道最终顾客的真正的销售行情。

库存让销售行情变得模糊不清

如果在你的公司与最终顾客之间存在着批发商和零售店的话，即使最终顾客的销售行情停滞了，批发商和零售店还向你的公司继续订货的话，你就不会意识到销售行情的停滞。反之最终顾客的销售行情突然上升的情况下，批发商和零售店销售量持有库存，同样你也不会意识到销售行情的变化。

像这样由于中间库存的存在，因而导致真正的销售行情变得模糊不清，过剩库存和缺货的风险就会很高。

把握正确的销售行情

为了让你的公司把握真正的销售行情，有如下几种方法：
- 购买信息
- 减少中间库存（流通库存）
- 直接销售给最终顾客

迅速捕捉最终顾客的动向对事先预防过剩的库存和避免缺货是非常有效的。

第 8 讲
用不同的方式来持有库存

酥脆且众口称赞的泡芙

今天给社长带来了礼物。

　"啊！是泡芙，我最爱吃的东西!"

事实上，这个泡芙和今天的授课颇有关系。

　"原来如此，泡芙酥脆，咯吱咯吱，非常好吃。我的夹心是乳蛋味的，先生的是巧克力味的?"

今天一边讲述泡芙背后的秘密一边进行授课。

　"也就是说，这家销售泡芙的店铺也有什么库存削减的秘密吧。"

是这样的。好，让我们赶快授课吧!

掌握销售行情的传感器

那么，请先汇报一下作业吧!

　"再回顾一下过去的原委，敝社在 1 年前，因

15 英寸液晶电视而持有了大量的库存。销售额 65 亿日元的公司库存就占 10 亿日元，用库存持有天数来说的话约为 2 个月的库存量。为了不犯同样的错误，如果市场减速的话，能够立即应对而考虑出了如下几点对策。"

1. 掌握顾客的最新销售信息

从家电量贩店和邮购公司那里获得每天售出了多少台的销售数据。有效地利用这一数据并执行下列事宜。

- 在细致核查液晶电视的需求量的同时，捕捉市场的实际销售信息。
- 因是在修正健康器具订货点时的标准所添加的内容，所以能够防止缺货和过剩库存。

2. 关于面向顾客的销售方法

关于液晶电视，正考虑着准备用网络来销售。现在并没有那么大的销售量，但要准备为将来以哪一种方法为主体来销售好做下研究。而且，作为直接感受到顾客反应的媒介，要有效地利用在销售行情的预测上。

关于健康器具，正在探讨着从敝社的仓库直接配送给邮购公司的顾客。那样的话，邮购公司的流通中心就有可能成为 0 库存，所以我认为就能够减少整体的尾货风险。

越来越能感觉到您积极地投入了，非常棒！

超越到货与销售的界限来思考

不引起缺货，用最低限度的必要库存就能够应对的要点在第 6 讲和第 7 讲中都已叙述过。

在第 6 讲中，关于"从商品的订货至到货"如下所示

•缩短从本次的订货至到货的天数
•缩短从订货到下次订货的天数
•缩小每次的订货量

其次讲述了重新考虑与业者之间的关系
在第 7 讲中，关于"销售"如下所示

•获得最终顾客的销售数据
•减少流通库存，顾客的信息更易于直接传递
•直接销售（网络销售或专卖店）

然后，讲述了再重新考虑与顾客的关系

削减库存为何要重新考虑"从订货至到货"和"销售"呢？其理由如下面的公式那样，

库存是由这 2 个要素决定的。

现在的库存量 + 到货数量 − 销量 = 新的库存量

尽快地捕捉销售信息，为迅速地进行下次销售准备充足的商品。这样做就不会发生缺货，并且也不会持有多余的库存，用最低限度的库存就能够应对。

但是，仅有这些也许还不能达到令人满意的库存削减。那时，更加需要采取超越商品的订货、到货和销售这一界限的对策。今天就这一问题进行探讨。

库存的 7 个变化

迄今为止，为了销售而持有的库存，是以完成的形式以厂家到货的商品为中心的。但是库存不仅仅是完成品，作为制品在完成途中的阶段也存在着。

除去服务的话，商品是在工厂生产出来的。说到工厂立刻就会想到规模巨大的工厂，但就生产而言，比如说街道里的点心店、面包店，就使用食料来制造点心或面包这一点上来说，这就是非常优秀的工厂。

在工厂中，一边加工采购来的材料，一边组装制造产品。让我们看下刚才泡芙的例子吧（图 8.1）。

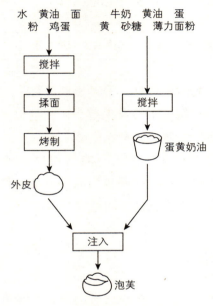

图 8.1　泡芙工厂的制作流程

像这样，泡芙并非一下子就能做好，而是要经过几道工序才行。外皮和夹心要分别制作，最后在外皮里灌入夹心，泡芙才终于做成。**这里，每个环节中各自所需的材料都成为"库存"。**

具体来讲，小麦粉、鸡蛋和黄油这些食品材料被称为

"材料库存"，泡芙在制作途中所使用的材料（外皮和夹心）被称为"生产库存"，做成的泡芙称为"产品库存"。

像这样，在工厂里从材料到产品完成的过程中，出现了若干种库存方式。

酥脆，众口称赞背后所隐藏的秘密

最初吃到口中的泡芙所具有的特色是，酥脆的外皮和10种丰富的夹心。10种口味的夹心分别是蛋黄奶油、生奶油、巧克力、奶糖、草莓、南瓜、黑芝麻、抹茶、哈密瓜、柠檬。

听了这些后，意识到什么了吗？

"夹心的种类丰富的确很有吸引力，但单是这些陈列在玻璃柜里泡芙的种类就会变得很多。有10多种的话，哪一种口味的泡芙能售出多少预测起来我想会非常困难。预测不准的话，认为能售出去的做好的某夹心味的泡芙却卖剩下了，认为售不出去而做好的某夹心味的泡芙却全部卖光，所以，即使是与己无关的事情但也很令人担心。敝社所经销的AKUBIA32英寸液晶电视的也是一样，有黑、白、红三种颜色，但什么颜色、能售出多少台，预测起来常常感到很困难。"

非常好的建议。实际上这个泡芙不是注入夹心的状态放在陈列柜里的。即夹心是在订货时现场注入的。主要是想要从不失酥脆感的角度上来考虑的。

　　"原来如此，也就是说外皮和夹心分别准备好，一听到订货后再注入夹心，所以，注入夹心的泡芙就不会卖剩下。就算剩下的话，也就只剩下外皮和夹心而已。"

如果卖剩下的是注入过夹心的泡芙，或者分别是外皮、夹心，你认为哪一个好？10种有点多，所以就考虑下3种，每个200日元吧。

A店铺销售着蛋黄奶油、巧克力和奶糖3种口味的泡芙。每种口味的各准备4份的夹心，12个外皮。然后，将准备好的夹心注入所有的外皮内，于是，将蛋黄奶油、巧克力和奶糖味的泡芙各4个摆放好。

B店铺与A店铺的外皮数量一样都是12个。但夹心是蛋黄夹心、巧克力和奶糖3种口味的，各准备5份夹心的量。然后，在接到顾客订货时，把夹心注入外皮后交给顾客。为此，可根据销售行情任意改变组合，各自的夹心要多准备出1份。

某一天，假设有蛋黄奶油、巧克力和奶糖3种口味的各4个订货，A店铺是把准备好的泡芙全部卖完，销售额是 2 400 日元。B 店铺也是一样，蛋黄奶油、巧克力和奶糖味的各 4 个，销售额也是 2 400 日元，但夹心各自剩下了 1 份。

这种情况下，A 店铺没有引起缺货，用最低限度的必要库存得以解决（图 8.2）。

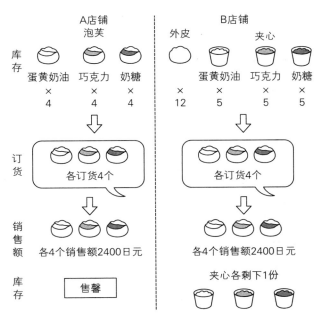

图 8.2　泡芙制作、销售示意图

但在另一天，这次分别有蛋黄奶油味 5 个、巧克力味

4个和奶糖味3个订货。于是，A 店铺卖了奶糖味4个、巧克力味4个和奶糖味3个，销售额是 2 200 日元，剩下一个奶糖味的。而 B 店铺按着订货分别卖出的是，蛋黄奶油5个、巧克力味4个和奶糖味3个，销售额是 2 400 日元，剩了1份巧克力味、2份奶糖味的奶油（图 8.3）。

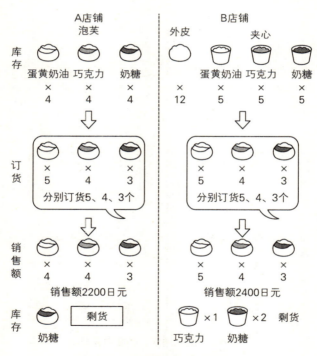

图 8.3　泡芙制作、销售示意图 2

结果是 A 店铺发生了缺货，少销售了 1 份，卖剩了 1 个。B 店铺没发生缺货，剩下了 3 份夹心。

再有一天，这次的订货是蛋黄奶油味 5 个、巧克力味 5 个和奶糖味 2 个。于是，A 店铺卖了蛋黄奶油味 4 个、巧克力味 4 个和奶糖味 2 个，销售额是 2 000 日元。剩下了 2 个奶糖味的。B 店铺按照订货卖出了鸡蛋奶油味 5 个、巧克力味 5 个和奶糖味 2 个，销售额是 2 400 日元，剩下了 3 份夹心。

其结果是，A 店铺发生缺货，少销售了 2 份，卖剩下 2 个。B 店铺没有发生缺货，剩下了 3 份夹心（图 8.4）。

那么，根据这些例子，A 店铺与 B 店铺的方法到底哪一个好呢？

如果能与销售的预测刚好吻合的话，当然是 A 店铺好。但是，现实中完全正确预测的情况非常稀有。在防止缺货上，听到订货之后再注入夹心是 B 店铺好。另一方面，对于剩货，无论是 A 店铺还是 B 店铺都会发生。但是，A 店铺是以泡芙的形式剩下的，B 店铺是以夹心的形式剩下的。B 店铺原本夹心就比外皮准备的多，所以肯定就会剩下的（图 8.4）。

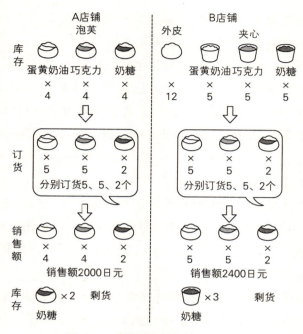

图 8.4　泡芙制作、销售示意图 3

贝杉社长，您是如何看待这两个方法的？

"发生缺货，造成销售额下降是我认为是最糟糕的事情。多少剩下一些是可以的，是不是更应该重视销售额呢？所以我认为 B 店铺好。"

那就再问个问题吧。B 店铺为了满足顾客的要求，夹心比外皮多准备了一些，所以奶油肯定会剩下。这个剩余的夹心有没有可以再减少的方法哪怕是一点点？

　　"接到订货后，不仅仅是要注入夹心，在接到订货后如果只生产所需要的夹心的话，夹心就真的不会剩下了。只是，那样做会让顾客等。效率也会很低……"

我觉得这是个关键点。在接到确切的订货后一个一个地制作，从作业效率角度来考虑的话确实很难。但是，和刚才一样，比如说也许会有从中途开始制作夹心的方法。

　　"是啊！泡芙里的夹心基本上是蛋黄奶油。巧克力和奶糖里的夹心也是同样的，在初始状态的蛋黄奶油的夹心中加上调味汁而成。也就是说，在 B 店铺最初不用各做 5 份的巧克力和奶糖味的奶油，只需准备好少量存放着，在卖出了巧克力和奶糖味的泡芙，夹心减少后，在蛋黄奶油的奶油中加入巧克力或奶糖味的调味汁追加制作就可以了。"

真是个好主意！让我们用刚才的例子考虑一下吧。B店铺烤了 12 个外皮，首先准备 8 份蛋黄奶油的奶油，巧克力和奶糖味各 2 份的奶油。然后，应顾客的要求注入奶油的同时，如果巧克力和奶糖味的奶油变少的话，就在蛋黄奶油里加上巧克力或奶糖味的调味汁，追加所需要的味道（图8.5）。

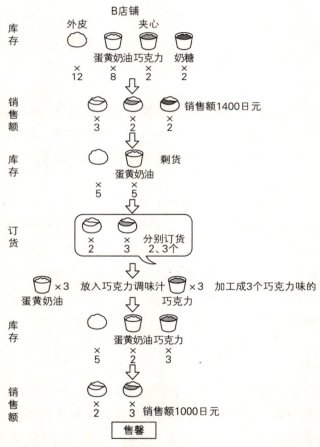

图8.5　泡芙制作、销售示意图4

　　如果这个能够实现的话，就不会发生缺货，也不会有剩余的夹心。事实上我想很难做到刚好用完库存，但可以肯定的是对于再次减少库存一定是有效果的。

不仅仅是要减少库存，还要避免缺货

　　这次在泡芙的例子中，在完成被称为泡芙这一产品前的一道工序，是以外皮和夹心形式作为库存的，是否想过用什么方法可以减少库存呢？这个方法肯定也适用于泡芙以外的东西。能够想象出还有什么可以利用这一方法的场景吗？（图 8.6）

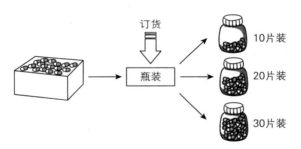

图 8.6　药品减少库存示意图

　　"补品和药不是也可以的吗？同样是锭剂，但放入的数量不同所使用的容器也就不同，可以按各种尺寸大小进行销售。即锭剂和包装盒以及容器分别作为库存放着，根据订货再装入包装盒或容器内。"

确实是这样的。除此之外还有别的吗？（图 8.7）

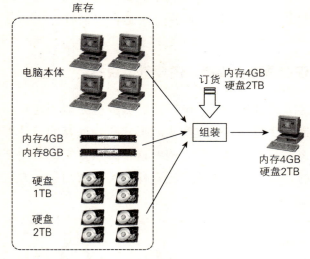

图 8.7 电脑减少库存示意图

"在网上购买的电脑也是一样的。一旦指定好
内存、硬盘和软件，就会将按照所指定的零配件组
装好的电脑送来。电脑厂家在接到顾客的订货后根
据所要求的主机、内存和硬盘等组装成产品，之后
只要安装上软件即可。所以厂家所持有的库存，并
不是完成品，而是到中途仅需要用于组装的主机、
内存、磁盘和软件等就可以。"

是这样的。这种方法本身，原本是戴尔电脑所开创的商业模式，但现在无论哪家电脑厂家都已采用了这种方法。内存、磁盘，再加上软件安装的所有组合，只要预先有库存就可以变成几万种。因为未持有如此庞大的库存，所以在接到订货后仅仅进行组装即可。

　　"这种方法兴许也能用在敝社的液晶电视上。如何实现是个问题了，但我认为讨论的价值非常高。"（图 8.8 ）

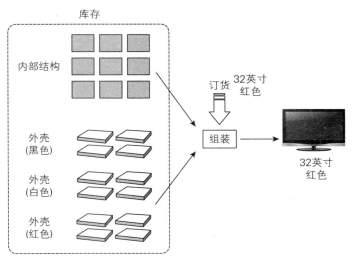

图 8.8　液晶电视减少库存示意图

如果是液晶电视的话，最后安装上显示屏就算是完成了。为此，也许可能会出现变更产品设计的要求，所以现在的形状不变的话可能比较困难。但是，作为新产品从设计上进行修改也不是没有可能的。

也可能意识到了所讲述的削减库存的内容，实际上，要是变换一下库存的持有方式，除了减少库存以外，还能够避免缺货。

在泡芙的例子中，前面也谈过剩货的话题，但是，A店铺也出现了缺货。另一方面，B店铺不只是库存少，缺货肯定也少。

避免缺货的效果，与削减库存是同等重要的。社长难道不也是想坚决地避免缺货吗？

"是这样的。这么一说，液晶电视 AKUBIA32 英寸红色的销售额在不断地增加，已经发生了缺货，用这个方法的话，也许就能解决缺货了。"

积极参与制造业的世界

曾经说过，在产品完成之前的阶段，由于持有库存，也是可以减少库存的。

为了实现这一目标，需要跨越若干个课题。

（1）即使是在自社，进行部分的生产

泡芙夹心的注入、补品或锭剂的装瓶、电脑的组装，加上液晶电视显示屏的装配这些工作都是在接到客户的订货后进行的。

这种方法不能用于商品采购后销售的做法上，而只能用于由自社来生产的最后阶段，或只能委托生产商来采取对策。

对于液晶电视，可考虑以下的 2 个方法：

- 在仓库安装内部构造部分及显示屏，并进行检查。
- 让厂家持有内部构造部分及显示屏的库存，然后根据 YAMAZUMI 商社的订货进行组装后出货。

（2）提高从接收订货到商品提供的处理速度

预先在产品完成之前的阶段持有库存，根据客户的订货要求在最后的阶段下一点功夫后交货。这种方法与已完成品形式所持有的库存相比，从订货到交货的时间比较长。

因此，很有必要在尽可能缩短从订货到交货的时间上下些工夫。

为了缩短时间，例如可考虑采取如下 3 个对策：

- 用改善现场来谋求缩短组装的时间
- 采用用短时间就可组装的设计
- 将订货信息快速传递给组装现场

（3）有意识地设计标准化的零配件

对于电脑，内存及硬盘的容量，无论哪个厂家，电脑的插口都一样的。那是因为组装的最后环节，只要将顾客需求的容量和硬盘各自插入到电脑连接处就可以了。

另一方面，对于 YAMAZUMI 商社液晶电视，若使最后安装上外壳使之成为完成品的话，就需要预先设计为那样的。

像这样，行业里考虑到了标准化的东西在处理上也很方便，但由自社所设计的产品，将标准化设计考虑在内也显得尤为重要。泡芙也是一样，根据里面奶油的不同，造成外皮的大小不同的话，则就无法使用了。

留给贝杉社长的作业

今天的作业是试着考虑一下怎么利用此法用于YAMAZUMI商社的液晶电视机。试着跟供货方厂家谈一次，看看有什么可能性，不战胜它就不行的课题是什么？具体地研究一下，下次请汇报。

在今天的课程中，粗略地讲完了库存削减必须要做的事，在下次的课程中将把至今学习过的内容进行汇总。

截至目前为止的成果

截至目前的减少目标　　　60%→53%
（与上次一样，没有变化）

仅做这些的收入目标　　　5 000万日元→4 277万日元
（与上次一样，没有变化）

第 8 讲　汇总

用不同的方式来持有库存

截止到第 7 讲，商品在订货、到货的销售过程中，一直在讲如何减少库存。如果更进一步减少库存的话，就需要采取超越这一界限的对策。

踏入生产的对策

生产产品在其生产阶段被分为各种各样的要素，比如说，泡芙是由在外皮中注入的夹心而定的，补品是由放入容器中的数量而定的，电脑是由符合用途的容量或硬盘而定的，变成为各种各样的商品。因此，商品的种类通过组合前的阶段持有库存，在接到顾客的订货后可以进行组装。用这种方法可以最大限度地减少整体的必要库存和缺货的担忧。

但为了达成这一目的，要么在自社进行生产，要么让客户改变库存的持有方式，建立协助体制是不可或缺的。

第9讲

在身边的便利店观察库存削减

丰田和便利店

首先，上次作业的成果如何？

"试着和厂家商谈过了，但现在的液晶电视设计仅凭最后安装的显示屏工序好像无法区分黑、白、红的颜色。但是，就方式本身而言，相关人员认为很感兴趣，说无论如何要在下次的产品中挑战下。"

真是很有趣啊！今天是第 9 讲也是最后的授课，感觉如何？库存减了多少呢？

"和最初见到您的时候相比，减少了将近 1/4。如有可能，到会计期末时想再减少一些。"

坦率地说，我没有想到会出这么多的成果。对社长的努力深感敬佩。

"不，我只是按照老师所说的去做而已，真的是很感谢老师。"

至此，关于库存削减的授课连续进行了 8 讲。但是，是否想起了被称为库存削减做得很好的公司是哪里吗？

"说到库存削减的话，仍然还是丰田公司吗？
不管怎么说那可是'丰田生产方式'的公司。因从
2008 年开始的经济萧条导致了亏损，究其原因与其
说是持有了库存不如说是扩大了超出需求的生产能
力所致。"

除此以外还想到什么地方了？

"还有就是便利店吧。那样小型的店铺里备齐
了很多商品，同时还没发生缺货真是很了不起。以
前，去购买时商品缺货，好像是有这样的事，可现
在去便利店却几乎看不到这样的情形。尽管那样，
也决不能持有过多的库存。库存基本上就只有放在
货架上那么多而已。"

无论是丰田公司还是便利店，确实哪一个都在彻底地
进行库存削减。那么，把到现在为止在授课中所学习到的
内容，运用到便利店上来复习一下吧。

从超市派生出来的方法

进入主题之前，知道丰田生产方式是从超市获得的启发吗？

"不知道。"

丰田生产方式是由大野耐一发明的。大野耐一在第二次世界大战后不久，在美国的超市中得到启发，由此诞生了看板方式。以前的丰田汽车组装现场没有很好地备齐所需要的零配件，一到月末才可以进入组装的状态。

即在前半个月时间里，大部分的零配件缺货，进入到月末时才备齐零配件。最终都是在所有零配件配齐后的月末进行组装的。煞费苦心备齐了零配件，可又都作为库存闲置在仓库里。每个月就这样周而复始地重复着。

所以，当听到美国的超市是在任何时候所需要的东西都能备齐的之后，大野耐一猛然想到"就是这个！"汽车组装生产线的人在需要的时候、在汽车零配件超市购买所需要的东西、所需要的部分。所使用过的零配件将由汽车零配件超市在下次组装生产线的人来购买前补充完毕。

"如果没有超市的话，也许就没有丰田生产方式吧。"

是这样的！但丰田公司并非单纯地模仿超市。丰田公司的零配件存放场所与超市的商品陈列货架相比，它库存要少得多。原因在于，与超市的做法相比，在补充所使用的零配件的做法上下了很多的工夫。

作为零售业的新型商业模式，超市之后便是便利店的登场，但是便利店的商品货架与超市相比，库存也少了很多。无论从哪方面来说便利店更接近丰田公司的零配件的存放场所。也就是说，与丰田公司一样在补充商品上动了脑筋。而且，它们所隐藏在背后的理念都是非常的相似的。

我认为丰田生产方式与 7-11 便利店的结构是极为相似的。所以，这次才以便利店为例进行库存削减的复习。

7-11 便利店的商品摆放

首先，让我们以整体图的形式看看 7-11 便利店里销售的商品是如何交到顾客手上的吧。（图 9.1）

过去的零售店，都是厂家或批发商用各自的卡车直接配送商品。如果客户多的话，卡车每天要配送几十次。要求鲜度的商品每天配送，没要求的商品一周配送几次，以此形式进行配送。

便利店现在的配送形式变为把来自厂家及批发商的商品暂时集中在配送中心，然后用 1 台卡车集中给各个店铺配送几个厂家或批发商的商品。

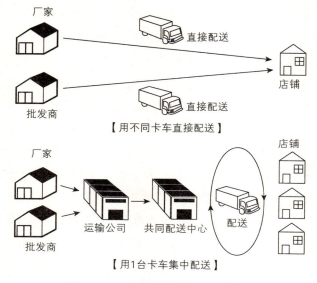

图 9.1 7-11便利店的运作示意图

还有，根据商品的不同，也有在便利店的专门工厂生产后进行配送的，像饭团、盒饭和菜肴等。7-11便利店里的面包也是在专门工厂烤制好后进行配送的。

再有，各店铺、便利店的总部，还有客户，通过信息系统相互进行联系，这也是重要的要素之一。根据最新的信息进行各种各样的判断和订货，在专门工厂生产饭团、盒饭和烤制面包。

那么，在这一便利店的商业模式中，在授课中所学习到的知识是如何来进行运用的？在复习的同时请详细地思考一下。

第 1 讲复习　扔掉"腐烂"的库存

便利店的店铺与超市相比有什么不同之处？

　　"货架低、店铺的全貌可以尽收眼底。所以，何物放在何处便可一目了然。还有，货架也不会出现挤得满满当当的现象。"

现在社长说的这些话，是因为库存少才能得以做到的，是彻底地进行了清理、整顿的证明。

首先是清理。说法不太好听，但"腐烂"的东西不要放在这里。

一个是如字面所示那样，过了品尝期限或消费期限的东西是不能摆放的。在便利店，盒饭和菜肴等在到消费期限的数小时前就会被从货架上撤下去。

　　"是如何检查的呢？"

设定每天数次、查看商品的标签以及核查消费期限的时间。去便利店时，是否看到过店员往筐子里放入商品的情景？那就是正好在回收接近消费期限商品。

"超市一到要关店之际，就会降价出售第二天
就要到消费期限的盒饭和菜肴，
　　但便利店不这么做吗?"

　　最近也渐渐地宽容了一些，即使未能售出的，如果降
价销售可以回收材料费的话也还是可以的。这是因为未能
售出的即使无法回收材料费也要废弃掉的，你认为哪一种
做法是真正想要严格地控制库存?

　　"是未能售出的就废弃掉的那一种吧!"

　　关于废弃当然是毁誉参半。只是，在严格控制库存的
意义上来讲，我自身认为严格执行废弃的态度也是有一番
道理的。
　　对于便利店，"机会损失"比"废弃损失"更让人厌
恶。顾客来店买东西却找不到商品，被顾客认为"那家店
货种不全"是致命的。
　　虽这么说，可是废弃损失过多也是很糟糕的。如何处
理才好呢。
　　另外一个"清理"，是将销售情况不好的商品，即所
谓的滞销商品撤掉。便利店的商品货架比超市的货架有
限，没有摆放置销售不出去商品的地方。所以，是热销还
是滞销是可以从每天的销售数据上即可作出判断的。这是

因为从收款机的条形码上所汇集的信息就可清楚的知道。

像这样，为了畅销商品不出现缺货，而且也不出现过多的剩货，将商品放置在有限的货架上，撤掉售不出去的商品。这样每天不断重复的工作正是便利店的库存管理。

"回收超过了消费期限的商品和撤下滞销的商品，是便利店每天都在做的红色标签作战。"

第2讲复习　区分畅销商品与非畅销商品

你认为便利店里卖得的最好的是什么？

"是饭团吧？"

是的。全部的 7-11 便利店 1 年中售出了 12 亿 5 000 万个饭团（2006 年度业绩，引自网站）这样巨大的商品量。平均每一个日本人每年吃 10 个。除此之外，盒饭和面包也是畅销商品吧。

相反，你认为滞销的商品是什么呢？

"是蜡烛吗？"

在授课中曾说过那个话题了。和蜡烛摆放在一起的还

213

有线香等，但这些杂货和饭团相比的话，就不能说是畅销吧。一旦知道了"如果去 7-11 便利店的话都摆在那里了"的话，说不定就会在需要的时候前来购买的。

像这样，即便是在不摆放滞销品的便利店，也会有畅销商品和非畅销商品之分的。这些都是用同样的订货方式来控制库存的吗？

"是用不同的方法吧。即便是 YAMAZUMI 商社，液晶电视与健康器具的订货方法也是区分开的。"

是的，即便是便利店，饭团和盒饭等的订货方式与加工食品与杂货的订货方式是不同的。

第 3 讲复习　在畅销商品上多下工夫

那么，你认为便利店的热销商品，即饭团和盒饭是如何订货的呢？

"是'每天预测方式'吗？"

是的。便利店是每天进行预测并订货的。

7-11 便利店在每天的上午订购第二天早上、中午和晚上 3 次配送量的饭团和盒饭。订货时不只看每一种商品的销售数据，还要看包含商品信息、天气预报和周边活动情况来决定订货量的。那时最为重要的是，**不要仅凭以前的数据来做判断**。不能因为说之前的 1 周饭团销售得好，就简单地增加饭团的订货量，在参考现在所列举的条件的同时，缜密地进行预测。

所以，不能简单用过去的数据由电脑自动决定订货量，而是要负责人动脑筋，花费时间来决定的。

在 7-11 便利店里，将这种对每一件产品都观察入微的方式称作"单品管理。"

第 4 讲复习　勿在非热销品上下工夫

那么，你认为鲜见售出的杂货是如何订货的呢？

　　　　"对于售不出去的商品，是用边际方式吧！"

正是如此。在 7-11 便利店里叫做"设定订货"，这和边际方式十分相像。低于所设定的库存量的话，预先所设定的量就会自动进行订货。

以前包括加工食品和杂货，好像所有的商品都是一种一种来决定订货量的，但对大概 3000 种的商品而言，采用同样的方式来订货，每天就要花费庞大的时间。

所以，在销售排名分析 B、C 区的杂货等，不怎么投入人手，根据边际方式切换成自动订货。

　　一般来讲一旦决定好订货点和订货量，此后的数据不做更改且搁置不再过问的话，有时会引起过多的库存和缺货。但是，7-11 便利店，好似是根据季节及推销的商品彻底地进行着调整。

第 5 讲复习　捕捉正确的数据

　　在 7-11 便利店里，就热销的盒饭和饭团而言，根据销售数据、商品信息、天气预报和周边活动情况等进行预测后订货。另一方面，关于加工食品及杂货，用类似边际方式进行订货，自动按定好的量来进行订货。

　　无论是哪一种方式，销售额、到货和库存这些信息不正确的话，就会导致错误的判断和错误的订货。所以，为了捕捉正确的信息，你认为该怎么做呢？

　　　"准确地抓住店里的进货及销售数据的话就没问题了吧。"

　　是的。因为商品是从配送中心送到店里的，所以，如果配送中心不弄错商品的话，店里只需要核查一下商品是否到齐就可以了。销售时因可以用收款机的条形码一个一个地确认，所以这个也没问题吧（图 9.2）。

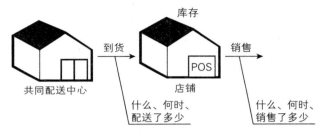

图9.2　便利店的库存管理

"即便这样也会发生错误的。数量不吻合时怎么办好呢？敝社也是每年1次，整整花费1天的时间进行盘点，但经常是出入很大。"

是因为社长的仓库挤满了退货所致吧！那个，即使想数下是什么、有多少，也是混乱的状态吧！

与此相比，便利店里的货架如何？

"何种商品、放置何处是规定好的，若是想数下还有多少个的话是立刻就可以数的。"

是这样的。便利店的货架，何物、放置何处是规定好的。而且，如果像便利店的库存那么少的话，马上就能够一件一件地确认库存量。如果，货架上的库存量与电脑里的库存量不吻合的情况下，只要修改就可以了。

关于库存，必须要正确地收集进货和出货的情报，但随着库存的减少，其数值正确与否，可以迅速地确认了。

"减少库存，关系到提高库存量的精度。"

第6讲复习　重新考虑采购条件

为控制库存量，正确把握销售情况的数据，不持有多余库存的前提下进行订货。为了更进一步减少库存，重新考虑采购，并缩小平均每次的订货量，而且需要缩短从订货至到货的天数。你认为便利店是如何做的呢？

"首先，每天要配送好几次是吧！"

是的。实际上，根据温度带将商品区分后，还要分数次进行配送。举例来说如果是7-11便利店的话，配送方式如下所述：

- 20℃：饭团、盒饭、烤面包等……每天3～4次
- 5℃：烹调面包、菜肴、牛奶等……每天3次
- 常温：点心、酒类、软饮料、杯状方便面、杂货等……每天1次
- 零下20℃：冰激凌、速冻食品、袋装碎冰块等……

每周 3～7 次

"饭团和盒饭每天也要进 3 次货呢。这么说的话，配合早餐、午餐和晚餐的时间，各自都可以只订购所需要的量？"

假设每天售出 300 个饭团，每天 1 次集中进货 300 个与每次 100 个分 3 次进货，哪一个好？

"是每次 100 个分 3 次进货的好吧！存放场所 1/3 就够了，库存量也是 1/3 就可以了。"

而且，因早、中、晚可以变更订货量，所以，可以在每个时间带只订所需要的数量就可以了。

第 7 讲复习 掌握真正的销售情况

授课中以出版社为例进行了讲解。对于出版社，知道给经销商配送了什么书、多少册，但却不知道经销商此后的详细的信息。

送到了哪一家书店、哪一种书、多少册、何时、在哪里、是如何售出去的，这些我们都无从知晓。过了段时间后，哪一种书、在哪里、售了多少册的信息反馈了回来，对于判断这本书是否需要加印，未免最佳时机已过，许多情况下数据都无法使用。

所以，出版社付费购买大型书店的销售数据，把它作为预测的基础。虽说不上是什么完整的信息，但却可以成为一个重要的线索。

"7-11便利店是怎么做的呢?"

而7-11便利店，店里的收款机连着电脑，何物、何时、售出了多少，在总部可以把握一切。从店铺来的订货也通过总部直接和7-11便利店专门工厂联系。与书相反，流通的信息没有被分割开。

在饭团、便当和烤面包的专门工厂，因为能够接到店铺所提供的高精度的销售预测的订货，所以也就能够以较少的库存进行生产。

第8讲复习　用迄今为止不同的方式来持有库存

曾说过7-11便利店是利用专门工厂生产面包的，但其他的便利店，即使在饭团和盒饭的专门工厂制作，面包也是向大型面包厂的工厂订货的，大多数由他们来配送。

那么，因店铺所在地域的不同，在运输上就会花费较长的时间。

面包当然是有消费期限的，所以运输上过多花费时间的话，在店铺货架上所摆放的时间就会变短。所以大型面包厂所生产的那部分面包，就要做得能够长期存放。

而且，在一定程度上进行预估，生产后存放着，根据订货来进行配送。即预先做好一定数量的面包，作为库存持有存放着。

7-11 便利店采用的是冷冻面包。所谓冷冻面包，即全国数个冷冻面团工厂，在冷冻了发酵面团的基础上，和饭团和盒饭一样配送给各地域的工厂，根据订货在任何时候都能烤制的保存方法（图 9.3）。

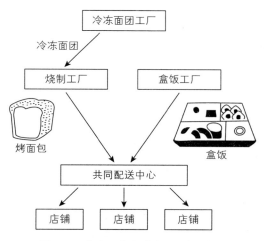

图 9.3　冷冻面包和盒饭配送示意图

"前几天出差时下榻的是家商务酒店，免费早餐提供了面包和咖啡。那里的面包刚刚烤出来时非常的好吃。于是试探着问了一句'是特意起早做的面包吗？'结果回答说是冷冻面包。"

利用双赢（WIN-WIN）的关系来实现库存削减

今天我们一边观察实际中便利店是采取怎样的对策，一边回顾了至此贯穿 8 次授课所讲述的库存削减的技巧。

听了便利店是如何减少库存后，再次感受到什么了吗？

"使用预测方式及边际方式等，仅仅按照销售情况订货的话显然是不够的。从订货及销售方法到库存的持有方法如不改变的话，确实感觉到大幅度削减库存是很困难的。"

授课前半内容讲的是，如果自己想要做的话，即使不太花费时间也是能够完成的。

第 6 讲以后的内容是，供货方、运输企业、顾客，还有自社的生产部门，周边的人员不投入其中的话则是不能完成的。根据不同的场合，有时花费数年时间来实现的也是有的。

"便利店构建现行的运营模式花费了多少时间?"

7-11 便利店于 1974 年初次在日本开业。当时，并没有建立成和现在一样的运营模式，而是从那以后历经多年才建立起来的。

无论是 7-11 便利店还是丰田公司，建成现在的运营模式都花费了很长时间。但是，后来的便利店一边采取边看边学的行之有效的方法，一边在很短的时间里就建立起来了运营模式。

所以这次的库存削减也是一样的，正是因为有丰田公司和 7-11 便利店这样卓越的先例，所以没有试行错误的担忧，只要实践一下这次授课所讲述的内容，就肯定能够在最短的时间内实现。

库存削减使销售额增加了大约 5 亿日元

最后，请汇报一下在这 9 次授课中同时进行的 YAMAZUMI 商社的库存削减的进展情况。

"当初所定的目标是库存削减 60%，利用削减库存成本来确保利润已基本完成了。非常感谢! 进展情况如下所述。"

【库存削减】

15英寸液晶电视 （前）1万台

　　　　　　　→（本期末预定）2 000台（▲80%）

32英寸液晶电视 （前）8 000台

　　　　　　　→（本期末预定）1 840台（▲77%）

健康器具 （前）2万4 400个

　　　　　　　→（本期末预定）7 808个（▲68%）

全体（基本金额）……

(3万日元×2 000台 +6万日元×1 840台 +1万日元×7 808个)÷10.24亿日元

　≈24.3%　（▲75.7%）

【库存成本削减】

仓储费用（前）2 000平方米　　（后）650平方米

楼层　（2 000-650）÷3.3×7 000日元×12个月

≈3 436万日元

作业员　30万日元/月×（3人-2人）×12个月

=360万日元

削减贷款利息

•32英寸液晶电视（8 000台-1 840台）×6万日元

×80%（原价率）×3%（利率）

　≈887万日元

注：持有大量的库存很难确保利润。关于"15 英寸液晶电视"，因为当前优先只考虑全部售出，所以未包含在成果的数字里面。

- 健康器具（2 万 4 400 个 –7 808 个）×1 万日元 ×80%（成本率）×3%（利率）

  ≈ 398 万日元

  <u>废弃损失</u>　▲ 200 万日元

  <u>合计</u>　……3 436 万日元 + 360 万日元 + 887 万日元 + 398 万日元 –200 万日元

  =4 881 万日元

　　"多亏了库存削减得以大幅地降低成本，由此本期好像没有出现赤字就顺利过去了。"

削减金额只差一点没到目标，但终于削减了大幅成本，恭喜恭喜！

可是，从上次 (4 277 万日元) 开始好像还有 600 万日元以上的削减，这个怎么样了？

　　"因为 15 英寸 AKUBIA 液晶电视的仓库空间顺次退还了仓储公司，所以加上了那部分。要是以前，腾出的空间早就又放置了别的商品了。"

若换个角度来看这个成果的话，与因利用扩大销售额所获得的近 5 000 万日元利润是具有同样的意义。如果是不景气的时期，更是不可能简单地扩大销售额的。如果只用销售额来创造 5 000 万日元利润的话，知道必须要售出多少吗？

"对于销售额，利润率是 10% 的话，说是就必须有 5 亿日元的销售额。"

是的。YAMAZUMI 商社年间销售额约 65 亿日元，如果是 5 亿日元的话就相当于要增加约 7.5% 的销售额。这次的库存削减是有了同样的效果的。

"这个库存削减真的是很大啊！"

驱使销售人员紧盯销售额的增加也很重要，但是，是否让他们知道了像这样认真地库存削减是更为行之有效的吗？

"这次授课所学到的是我认为不仅要让YAMAZUMI 商社的订货的负责人了解，还要让公司全体人员都了解。每一个员工从最初就要有库存削减的意识，它能使公司只有少量的库存也能变成有持续竞争实力的强大集团。老师，今后也还请您多多指教。"

结束语

说到库存削减，一定就会想起某家公司。

尽管在外面也还租赁着存放商品的仓库，仓库里放不下的库存堆满了会议室和走廊，简直就像是在仓库中生产产品的公司。

当时又赶上了 2000 年的 IT 泡沫崩溃，库存持有天数超过了 100 天，经营状况当然是赤字了。

可是经过 3 年的整理，库存持有天数到了 10 天以下，完成了 90% 的库存削减。其成果也超过了本书中所登场的 YAMAZUMI 商社。

这家公司是否做了什么特别的事情？绝对不是！

从清理、整顿开始，到根据看板方式变更订货方法，伴随着订货方法重新调整产品生产，重新修改库存的持有方式，然后是为适应销售的产品生产……，只是将本书中所触及的内容一步一个脚印地实施。

当然，完成 90% 以上这样高标准的库存削减的背后，也还有其他的理由吧！

我认为那一定就是，员工投入的努力和经营者的领导能力。

社长每天亲自去工厂积极参与改善，员工们也都积极响应——库存削减也是一样的，最终决定胜负的招数也还是"人"。

将本书拿在手里的你，我想已充分感到了库存削减的必要性。此后在这里所学习到的知识只需要唤起行动。

可是，库存的"削减"在字典中有"从现有的东西中减去"之意。当削减时，就和第1讲中所讲述的"扔"很相称。但是，在经济萧条之际不断"扔"的话，就会夺去企业的体力，最终导致破产。

库存削减在萧条时是不能只是实践"削减"的。

无论是萧条还是景气，在扩大销售额的同时，"改造购买方法、销售方法，还有生产方法这样的商业模式，其结果自然会减少"。这样的商业模式的创建是非常重要的。

理解这一点便是本书的目的之一。"削减"并不只是消极的活动，而是重新创建自己的模式，是非常重要的积极活动。创建这一模式，也是为下一次萧条的来临所做的准备。

在商业上，为了扩大利益，有吸引眼球的"扩大销售额"以及无论从哪方面来讲都是略显低调的"库存削减"的两种方法。

涉猎了"扩大销售额"的书籍，有很多是面向从经营者到年轻的商务人士的。但一变成另一方面的"库存削减"，实际的情况就是只有面向从事制造业的人员和与其相关人员的书籍。

查找有关库存削减的书籍时，在日本亚马逊网站上检索"库存"的话，会出来300多条，如果去大型书店的专业书区域的话，就能够发现很多与库存有关的书籍。

但是翻开书的一瞬间，就会丧失掉减少库存的激情。

因为，书中的内容只是关注了与制造业有关的读者，第一页上所排列的尽是些从未见到过的专业术语和难解的公式。

这样的话，就会在初始时把感到有必要进行库存削减的人排除在外。为此，我并没有把制造业特殊化，也尽量不用专业术语和难解的公式叙述，这是为了让大家都能够理解"库存削减"而撰写了本书。

为此，在本书中尽量避免使用一般人不太熟悉的"进货"、"订货"之类的术语，而是统一使用简单的说法，订货方式的名称也是一样，不是用的一般说法"订货点方式"等，而是置换成"边际方式"这样的用语。

也许会受到来自于那些平时专门处理库存业务人的斥

责。但是，希望能够了解的是，我只是想让更多的人尽可能地理解库存削减的方法和重要性，让他们根据自己的设想去尝试削减库存。

通过本书，希望众多的读者认识到库存削减的重要性，并想要采取实际采取行动，作为我来说就达到了撰写此书的一半以上的目的。

剩下的一半，请你自身一定要亲自采取行动投入到"积极的库存削减"中去。

非常感谢阅读到最后！

首先衷心感谢以创造了出版本书机会的土井英司，Elies Book Consulting 的各位，感谢 SUNMARK 出版的高桥朋宏总编辑以及平泽拓先生。

若井吉树

2009 年 7 月

参考文献

『トヨタ生産方式』大野耐一　ダイヤモンド社

『実践トヨタ生産方式』岩城宏一　日本経済新聞社

『適正在庫の考えた・求め方』勝呂隆男　日刊工業新聞社

『最新コンビニ業界の動向とカラクリがよーくわかる本』
根城泰　秀和システム

『限らないダントツ経営への挑戦』坂根正弘　日科技連出
版社

『リテールテクノロジー 2008 年 9 月号』ダイヤモンド・
フリードマン社

『セブン－イレブン・ジャパン終りなきイノベーション
1991 － 2003 年』　セブン－イレブン・ジャパン

『御社のトヨタ生産方式は、なぜ、うまくいかないのか?』
拙著　技術評論社

一看就懂！库存削减术

策　划：奚　望

监　译：奚　望

翻　译：日研智库翻译组

译　者：王曲辉

随身读本「日研智库」丛书为您

创新的、立体的、深度的展示

日本的社会、经验、成果、方法……

海洋出版社日本研究中心

地址：北京市海淀区大慧寺路 8 号　邮编：100081

电话：010-6210-0035/0037

日研智库翻译组 QQ 群：332059994

官方微信　　　　　　官方微博